心一堂術數古籍珍本叢刊

書名：八字提要
系列：心一堂術數古籍珍本叢刊　星命類　第二輯　136
作者：韋千里　撰
主編、責任編輯：陳劍聰
心一堂術數古籍珍本叢刊編校小組：陳劍聰　素聞　梁松盛　鄒偉才　虛白盧主

出版：心一堂有限公司
通訊地址：香港九龍旺角彌敦道六一〇號荷李活商業中心十八樓〇五—〇六室
深港讀者服務中心‧中國深圳市羅湖區立新路六號羅湖商業大廈負一層〇〇八室
電話號碼：(852)67150840
網址：publish.sunyata.cc
電郵：sunyatabook@gmail.com
網店：http://book.sunyata.cc
淘寶店地址：https://shop210782774.taobao.com
微店地址：https://weidian.com/s/1212826297
臉書：https://www.facebook.com/sunyatabook
讀者論壇：http://bbs.sunyata.cc/

版次：二零一七年八月初版
平裝

定價：港幣　九十八元正
　　　新台幣　三百九十八元正

國際書號：ISBN 978-988-8317-64-6

香港發行：香港聯合書刊物流有限公司
地址：香港新界大埔汀麗路36號中華商務印刷大廈3樓
電話號碼：(852)2150-2100
傳真號碼：(852)2407-3062
電郵：info@suplogistics.com.hk

台灣發行：秀威資訊科技股份有限公司
地址：台灣台北市內湖區瑞光路七十六巷六十五號一樓
電話號碼：+886-2-2796-3638
傳真號碼：+886-2-2796-1377
網絡書店：www.bodbooks.com.tw
台灣國家書店讀者服務中心：
地址：台灣台北市中山區松江路二〇九號一樓
電話號碼：+886-2-2518-0207
傳真號碼：+886-2-2518-0778
網絡書店：http://www.govbooks.com.tw

中國大陸發行　零售：深圳心一堂文化傳播有限公司
深圳地址：深圳市羅湖區立新路六號羅湖商業大廈負一層〇〇八室
電話號碼：(86)0755-82224934

心一堂微店二維碼

心一堂淘寶店二維碼

心一堂術數古籍 珍本 整理 叢刊 總序

術數定義

術數，大概可謂以「推算（推演）、預測人（個人、群體、國家等）、事、物、自然現象、時間、空間方位等規律及氣數，並或通過種種『方術』，從而達致趨吉避凶或某種特定目的」之知識體系和方法。

術數類別

我國術數的內容類別，歷代不盡相同，例如《漢書・藝文志》中載，漢代術數有六類：天文、曆譜、五行、蓍龜、雜占、形法。至清代《四庫全書》，術數類則有：數學、占候、相宅相墓、占卜、命書、相書、陰陽五行、雜技術等，其他如《後漢書・方術部》、《藝文類聚・方術部》、《太平御覽・方術部》等，對於術數的分類，皆有差異。古代多把天文、曆譜、及部分數學均歸入術數類，而民間流行亦視傳統醫學作為術數的一環；此外，有些術數與宗教中的方術亦往往難以分開。現代民間則常將各種術數歸納為五大類別：命、卜、相、醫、山，通稱「五術」。

本叢刊在《四庫全書》的分類基礎上，將術數分為九大類別：占筮、星命、相術、堪輿、選擇、三式、讖諱、理數（陰陽五行）、雜術（其他）。而未收天文、曆譜、算術、宗教方術、醫學。

術數思想與發展——從術到學，乃至合道

我國術數是由上古的占星、卜筮、形法等術發展下來的。其中卜筮之術，是歷經夏商周三代而通過「龜卜、蓍筮」得出卜（筮）辭的一種預測（吉凶成敗）術，之後歸納並結集成書，此即現傳之《易

經》。經過春秋戰國至秦漢之際，受到當時諸子百家的影響、儒家的推崇，遂有《易傳》等的出現，原本是卜筮術書的《易經》，被提升及解讀成有包涵「天地之道（理）」之學。因此，《易・繫辭傳》曰：「易與天地準，故能彌綸天地之道。」

漢代以後，易學中的陰陽學說，與五行、九宮、干支、氣運、災變、律曆、卦氣、讖緯、天人感應說等相結合，形成易學中象數系統。而其他原與《易經》本來沒有關係的術數，如占星、形法、選擇，亦漸漸以易理（象數學說）為依歸。《四庫全書・易類小序》云：「術數之興，多在秦漢以後。要其旨，不出乎陰陽五行，生尅制化。實皆《易》之支派，傳以雜說耳。」至此，術數可謂已由「術」發展成「學」。

及至宋代，術數理論與理學中的河圖洛書、太極圖、邵雍先天之學及皇極經世等學說給合，通過術數以演繹理學中「天地中有一太極，萬物中各有一太極」（《朱子語類》）的思想。術數理論不單已發展至十分成熟，而且也從其學理中衍生一些新的方法或理論，如《梅花易數》、《河洛理數》等。

在傳統上，術數功能往往不止於僅僅作為趨吉避凶的方術，及「能彌綸天地之道」的學問，亦有其「修心養性」的功能，「與道合一」（修道）的內涵。《素問・上古天真論》：「上古之人，其知道者，法於陰陽，和於術數。」數之意義，不單是外在的算數、歷數、氣數，而是與理學中同等的「道」、「理」--心性的功能，北宋理氣家邵雍對此多有發揮：「聖人之心，是亦數也」、「萬化萬事生乎心」、「心為太極」。《觀物外篇》：「先天之學，心法也。……蓋天地萬物之理，盡在其中矣，心一而不分，則能應萬物。」反過來說，宋代的術數理論，受到當時理學、佛道及宋易影響，認為心性本質上是等同天地之太極。天地萬物氣數規律，能通過內觀自心而有所感知，即是內心也已具備有術數的推演及預測、感知能力；相傳是邵雍所創之《梅花易數》，便是在這樣的背景下誕生。

《易・文言傳》已有「積善之家，必有餘慶；積不善之家，必有餘殃」之說，至漢代流行的災變說及讖緯說，我國數千年來都認為天災，異常天象（自然現象），皆與一國或一地的施政者失德有關；下至家族、個人之盛衰，也都與一族一人之德行修養有關。因此，我國術數中除了吉凶盛衰理數之外，人心的德行修養，也是趨吉避凶的一個關鍵因素。

術數與宗教、修道

在這種思想之下，我國術數不單只是附屬於巫術或宗教行為的方術，又往往是一種宗教的修煉手段--通過術數，以知陰陽，乃至合陰陽（道）。「其知道者，法於陰陽，和於術數。」例如，「奇門遁甲」術中，即分為「術奇門」與「法奇門」兩大類。「法奇門」中有大量道教中符籙、手印、存想、內煉的內容，是道教內丹外法的一種重要外法修煉體系。甚至在雷法一系的修煉上，亦大量應用了術數內容。此外，相術、堪輿術中也有修煉望氣（氣的形狀、顏色）的方法；堪輿家除了選擇陰陽宅之吉凶外，也有道教中選擇適合修道環境（法、財、侶、地中的地）的方法，以至通過堪輿術觀察天地山川陰陽之氣，亦成為領悟陰陽金丹大道的一途。

易學體系以外的術數與的少數民族的術數

我國術數中，也有不用或不全用易理作為其理論依據的，如揚雄的《太玄》、司馬光的《潛虛》。也有一些占卜法、雜術不屬於《易經》系統，不過對後世影響較少而已。

外來宗教及少數民族中也有不少雖受漢文化影響（如陰陽、五行、二十八宿等學說。）但仍自成系統的術數，如古代的西夏、突厥、吐魯番等占卜及星占術，藏族中有多種藏傳佛教占卜術、苯教占卜術、擇吉術、推命術、相術等；北方少數民族有薩滿教占卜術；不少少數民族如水族、白族、布朗族、佤族、彝族、苗族等，皆有占雞（卦）草卜、雞蛋卜等術，納西族的占星術、占卜術，彝族畢摩的推命術、占卜術……等等，都是屬於《易經》體系以外的術數。相對上，外國傳入的術數以及其理論，對我國術數影響更大。

曆法、推步術與外來術數的影響

我國的術數與曆法的關係非常緊密。早期的術數中，很多是利用星宿或星宿組合的位置（如某星在某州或某宮某度）付予某種吉凶意義，并據之以推演，例如歲星（木星）、月將（某月太陽所躔之宮次）等。不過，由於不同的古代曆法推步的誤差及歲差的問題，若干年後，其術數所用之星辰的位置，已與真實星辰的位置不一樣了；此如歲星（木星），早期的曆法及術數以十二年為一周期（以應地支），與木星真實周期十一點八六年，每幾十年便錯一宮。後來術家又設一「太歲」的假想星體來解決，是歲星運行的相反，週期亦剛好是十二年。而術數中的神煞，很多即是根據太歲的位置而定。又如六壬術中的「月將」，原是立春節氣後太陽躔娵訾之次而稱作「登明亥將」，至宋代，因歲差的關係，要到雨水節氣後太陽才躔娵訾之次，當時沈括提出了修正，但明清時六壬術中「月將」仍然沿用宋代沈括修正的起法沒有再修正。

由於以真實星象周期的推步術是非常繁複，而且古代星象推步術本身亦有不少誤差，大多數術數除依曆書保留了太陽（節氣）、太陰（月相）的簡單宮次計算外，漸漸形成根據干支、日月等的各自起例，以起出其他具有不同含義的眾多假想星象及神煞系統。唐宋以後，我國絕大部分術數都主要沿用這一系統，也出現了不少完全脫離真實星象的術數，如《子平術》、《紫微斗數》、《鐵版神數》等。後來就連一些利用真實星辰位置的術數，如《七政四餘術》及選擇法中的《天星選擇》，也已與假想星象及神煞混合而使用了。

隨着古代外國曆（推步）、術數的傳入，如唐代傳入的印度曆法及術數，元代傳入的回回曆等，其中我國占星術便吸收了印度占星術中羅睺星、計都星等而形成四餘星，又通過阿拉伯占星術而吸收了其中來自希臘、巴比倫占星術的黃道十二宮、四大（四元素）學說（地、水、火、風），並與我國傳統的二十八宿、五行說、神煞系統並存而形成《七政四餘術》。此外，一些術數中的北斗星名，不用我國傳統的星名：天樞、天璇、天璣、天權、玉衡、開陽、搖光，而是使用來自印度梵文所譯的：貪狼、巨門、祿存、文曲，廉貞、武曲、破軍等，此明顯是受到唐代從印度傳入的曆法及占星術所影響。如星命術中的《紫微斗數》及堪輿術中的《撼龍經》等文獻中，其星皆用印度譯名。及至清初《時憲曆》，置閏之法則改用西法「定氣」。清代以後的術數，又作過不少的調整。

此外，我國相術中的面相術、手相術，唐宋之際受印度相術影響頗大，至民國初年，又通過翻譯歐西、日本的相術書籍而大量吸收歐西相術的內容，形成了現代我國坊間流行的新式相術。

陰陽學——術數在古代、官方管理及外國的影響

術數在古代社會中一直扮演着一個非常重要的角色，影響層面不單只是某一階層、某一職業、某一年齡的人，而是上自帝王，下至普通百姓，從出生到死亡，不論是生活上的小事如洗髮、出行等，大事如建房、入伙、出兵等，從個人、家族以至國家，從天文、氣象、地理到人事、軍事，從民俗、學術到宗教，都離不開術數的應用。我國最晚在唐代開始，已把以上術數之學，稱作陰陽（學），行術數者稱陰陽人。（敦煌文書、斯四三二七唐《師師漫語話》：「以下說陰陽人謾語話」，此說法後來傳入日本，今日本人稱行術數者為「陰陽師」）。一直到了清末，欽天監中負責陰陽術數的官員中，以及民間術數之士，仍名陰陽生。

古代政府的中欽天監（司天監），除了負責天文、曆法、輿地之外，亦精通其他如星占、選擇、堪輿等術數，除在皇室人員及朝庭中應用外，也定期頒行日書、修定術數，使民間對於天文、日曆用事吉凶及使用其他術數時，有所依從。

我國古代政府對官方及民間陰陽學及陰陽官員，從其內容、人員的選拔、培訓、認證、考核、律法監管等，都有制度。至明清兩代，其制度更為完善、嚴格。

宋代官學之中，課程中已有陰陽學及其考試的內容。（宋徽宗崇寧三年〔一一零四年〕崇寧算學令：「諸學生習……並曆算、三式、天文書。」「諸試……三式即射覆及預占三日陰陽風雨。天文即預

定一月或一季分野災祥，並以依經備草合問為通。」

金代司天臺，從民間「草澤人」（即民間習術數人士）考試選拔：「其試之制，以《宣明曆》試推步，及《婚書》、《地理新書》試合婚、安葬，並《易》筮法，六壬課、三命、五星之術。」（《金史》卷五十一・志第三十二・選舉一）

元代為進一步加強官方陰陽學對民間的影響、管理、控制及培育，除沿襲宋代、金代在司天監掌管陰陽學及中央的官學陰陽學課程之外，更在地方上增設陰陽學課程（《元史・選舉志一》：「世祖至元二十八年夏六月始置諸路陰陽學。」）地方上也設陰陽學教授員，培育及管轄地方陰陽人。（《元史・選舉志一》：「（元仁宗）延祐初，令陰陽人依儒醫例，於路、府、州設教授員，凡陰陽人皆管轄之，而上屬於太史焉。」）自此，民間的陰陽術士（陰陽人），被納入官方的管轄之下。

至明清兩代，陰陽學制度更為完善。中央欽天監掌管陰陽學，明代地方縣設陰陽學正術，各州設陰陽學典術，各縣設陰陽學訓術。陰陽人從地方陰陽學肄業或被選拔出來後，再送到欽天監考試。（《大明會典》卷二二三：「凡天下府州縣舉到陰陽人堪任正術等官者，俱從吏部送（欽天監），考中，送回選用；不中者發回原籍為民，原保官吏治罪。」）清代大致沿用明制，凡陰陽術數之流，悉歸中央欽天監及地方陰陽官員管理、培訓、認證。至今尚有「紹興府陰陽印」、「東光縣陰陽學記」等明代銅印，及某某縣某某之清代陰陽執照等傳世。

清代欽天監漏刻科對官員要求甚為嚴格。《大清會典》「國子監」規定：「凡算學之教，設肄業生。滿洲十有二人，蒙古、漢軍各六人，於各旗官學內考取。漢十有二人，於舉人、貢監生童內考取。附學生二十四人，由欽天監選送。教以天文演算法諸書，五年學業有成，舉人引見以欽天監博士用，貢監生童以天文生補用。」學生在官學肄業、貢監生肄業或考得舉人後，經過了五年對天文、算法、陰陽學的學習，其中精通陰陽術數者，會送往漏刻科。而在欽天監供職的官員，《大清會典則例》「欽天監」規定：「本監官生三年考核一次，術業精通者，保題升用。不及者，停其升轉，再加學習。如能罷勉供職，即予開復。仍不及者，降職一等，再令學習三年，能習熟者，准予開復，仍不能者，黜退。」除定期考核以定其升用降職外，《大清律例》中對陰陽術士不準確的推斷（妄言禍福）是要治罪的。《大清律例・一七八・術七・妄言禍福》：「凡陰陽術士，不許於大小文武官員之家妄言禍福，違者杖一百。其依經推算星命卜課，不在禁限。」大小文武官員延請的陰陽術士，自然是以欽天監漏刻科官員或地方陰陽官員為主。

官方陰陽學制度也影響鄰國如朝鮮、日本、越南等地，一直到了民國時期，鄰國仍然沿用着我國的多種術數。而我國的漢族術數，在古代甚至影響遍及西夏、突厥、吐蕃、阿拉伯、印度、東南亞諸國。

術數研究

術數在我國古代社會雖然影響深遠，「是傳統中國理念中的一門科學，從傳統的陰陽、五行、九宮、八卦、河圖、洛書等觀念作大自然的研究。……傳統中國的天文學、數學、煉丹術等，要到上世紀中葉始受世界學者肯定。可是，術數還未受到應得的注意。術數在傳統中國科技史、思想史，文化史、社會史，甚至軍事史都有一定的影響。……更進一步了解術數，我們將更能了解中國歷史的全貌。」（何丙郁《術數、天文與醫學中國科技史的新視野》，香港城市大學中國文化中心。）

可是術數至今一直不受正統學界所重視，加上術家藏秘自珍，又揚言天機不可洩漏，「（術數）乃吾國科學與哲學融貫而成一種學說，數千年來傳衍嬗變，或隱或現，全賴一二有心人為之繼續維繫，賴以不絕，其中確有學術上研究之價值，非徒癡人說夢，荒誕不經之謂也。其所以至今不能在科學中成立一種地位者，實有數因。蓋古代士大夫階級目醫卜星相為九流之學，多恥道之；而發明諸大師又故為惝恍迷離之辭，以待後人探索；間有一二賢者有所發明，亦秘莫如深，既恐洩天地之秘，復恐譏為旁門左道，始終不肯公開研究，成立一有系統說明之書籍，貽之後世。故居今日而欲研究此種學術，實一極困難之事。」（民國徐樂吾《子平真詮評註》，方重審序）

現存的術數古籍，除極少數是唐、宋、元的版本外，絕大多數是明、清兩代的版本。其內容也主要是明、清兩代流行的術數，唐宋或以前的術數及其書籍，大部分均已失傳，只能從史料記載、出土文獻、敦煌遺書中稍窺一鱗半爪。

術數版本

坊間術數古籍版本，大多是晚清書坊之翻刻本及民國書賈之重排本，其中豕亥魚魯，或任意增刪，往往文意全非，以至不能卒讀。現今不論是術數愛好者，還是民俗、史學、社會、文化、版本等學術研究者，要想得一常見術數書籍的善本、原版，已經非常困難，更遑論如稿本、鈔本、孤本等珍稀版本。在文獻不足及缺乏善本的情況下，要想對術數的源流、理法、及其影響，作全面深入的研究，幾不可能。

有見及此，本叢刊編校小組經多年努力及多方協助，在海內外搜羅了二十世紀六十年代以前漢文為主的術數類善本、珍本、鈔本、孤本、稿本、批校本等數百種，精選出其中最佳版本，分別輯入兩個系列：

一、心一堂術數古籍珍本叢刊

二、心一堂術數古籍整理叢刊

前者以最新數碼（數位）技術清理、修復珍本原本的版面，更正明顯的錯訛，部分善本更以原色彩色精印，務求更勝原本。并以每百多種珍本、一百二十冊為一輯，分輯出版，以饗讀者。

後者延請、稿約有關專家、學者，以善本、珍本等作底本，參以其他版本，古籍進行審定、校勘、注釋，務求打造一最善版本，方便現代人閱讀、理解、研究等之用。

限於編校小組的水平，版本選擇及考證、文字修正、提要內容等方面，恐有疏漏及舛誤之處，懇請方家不吝指正。

心一堂術數古籍 珍本 整理 叢刊編校小組

二零零九年七月序

二零一四年九月第三次修訂

八字提要

序

晚近研究命學者，日益衆多，良以我國數千年來之玄妙哲理，代有闡揚，際茲亂世，升沉榮枯，瞬息萬變，尤足以使人感覺冥冥中若有命運主宰，故雖鍍金之留學諸君，及腦筋嶄新者，初不置信，繼乃深信而研究不遺餘力，然大都祇理論滔滔，如若飽學，但偶評一八字，輒有不知從何着手之苦，此蓋缺乏實地經驗故耳，夫億萬命造，豈能一一列論，竊以八字云者，年月日時干支，共得八字也，日干爲主體，月支爲提綱，時辰爲歸宿，看命先看此四字，此而知其輕重宜忌，則於整個命造，已思過半矣，爰寫茲「八字提要」，臚舉一千四百四十條，附抒管見，自不足爲圭範，或可供學者，以資參考，而爲評命之出發點，進而敎之，固有待乎高明焉。

民國三十五年歲次丙戌立夏前五日　韋千里謹識於海上

韋千里

著書

學命捷徑　命學講義　實售三千元

評命妙諦　命理約言　實售三千元

批命圭範　八字提要　實售四千元

占課必讀　占卜講義　實售三千元

風鑑準繩　相法講義　實售三千元

命理樂鑰　千里命鈔　實售五千元

賣卜

談命　五千元

批命　暫停

占課　二千元

時間　下午三時至六時

會址　上海南京路大慶里三十四號

電話　九二三四〇

外埠　七天覆件　寄費另加　空函不答

八字提要目次

八字提要

韋千里編著

甲日寅月

（甲子時）甲木得祿于寅月。又有時上甲比子印之生扶。強旺可知。惟初春餘寒猶威。木尚萌蘖。得火以暖之則繁榮。木旺見金自可貴。柱中有土斯有財。

（乙丑時）甲生寅月。時落乙丑。建祿而加以劫財。身旺無疑。自尊丑土之財。為養命之源。然無火之生土暖木。則少生機。大木逢金。乃成棟樑。略見微水。可以養木。獨忌木多。蓋比劫猖狂矣。

（丙寅時）月時皆得甲木。兩得其祿。妙乎丙火透出。秀氣發越。寒氣潛除。喜金斷伐。尤宜土之轉輾泄秀。得顯精神。最忌水來傷丙。不啻當頭棒擊。

（丁卯時）甲生寅月卯時。得祿得旺。喜丁火之洩秀。但丁力微弱。端賴他火相濟。木太旺。微金反激。不如多金可以砍伐成材。木再多則母旺子衰。丁熄危矣。無水最佳。有水破火。須有土救。

（戊辰時）寅月甲日生戊辰時。身財兩美之造。需有火之溝通。則木火土生生不息矣。水多木多。偏重于身而輕于財。豈是佳象。見金所以衛財。自屬可喜。

（己巳時）甲生寅月。時落己巳。木火土打成一片。身財兩旺。而重心全在於巳火。得以秀氣流通。再多火土。何殊花添錦上。加之以金。相得而益彰矣。

（庚午時）甲生寅月。為當令之木。誕庚午時。庚金剋木。午火泄木。所謂制化之功全矣。見土財。見水印。皆無不可。惟水不宜太盛。盛則濕木而助寒。木若多。庚金受抗而折。乃身重殺輕為患。

（辛未時）寅月甲日見辛之官。未之財。小名小利之造。蓋財官皆輕於日主。要多見土金則發矣。未土得見刑冲則尤妙。微水養木不妨。火能暖木驅寒。不論多寡皆宜。

（壬申時）甲日寅月。逢申時。月時逢冲。又透壬。頗多水意。而木之滋長更緊。貴乎火以溫暄。土以壅培。金太多。則患防水。殺為印化而無咸。木太多則愁比劫猖狂。財被奪而身窮。

（癸酉時）寅月甲木秉時令之旺。得時上癸水之涵養。酉金之翦裁。固無所謂不利。但水不可再感。感則木泛矣。金不宜過多。因寒木不勝其重剋。總喜火土之暖培耳。

（甲戌時）甲生寅月。逢甲戌時。寅戌中皆藏火土。輔以干頭比肩。身似較重於財星。故喜多見火土。使身財兩停。多金奚益。蓋身受剋。財被洩矣。凡水凡木。更皆不宜再多。

（乙亥時）甲木得祿於寅提。得長生於亥時。乙再輔甲。顯而易見為身強之造。無論金剋火泄土培皆宜。所謂強則喜抑。豈可再逢水木幇身。所謂強則忌扶也。

甲日卯月

（甲子時）甲日卯月陽刃之位。時干透甲。助身益旺。一點子水值時。潤木有功。宜有火土以暖培。則木性自然舒暢。春木見金。尤為眞神。水則宜藏。切忌多見。

（乙丑時）甲見卯為刃。乙見卯為祿。蒂固根深。時支丑財。以時干乙木。月提卯木。上下交制。被耗殆盡。喜有火以生財。如見土金齊來。亦是上格。

（丙寅時）甲木見刃於卯。得祿於寅。身主強旺。丙火高透時干。藉以洩木之秀。惟春木陽氣燥渴。還宜水之滋潤。見金乃棟樑材成。土金皆缺。病重難醫矣。

（丁卯時）月時兩卯。羊刃並見。時干透丁。火明木秀。命書載刃旺最喜見殺。殺者金也。有土生金。格尤上乘。否則一派甲乙。或氣聚東方。當以從旺格或曲直格論命。

（戊辰時） 甲遇卯而身旺。戊坐辰而財足。惟喜火之食傷。介於木土之間。藉以轉刃生財。水印為春木喜用之神。金殺又為制木所必要。但用水喜見金發水源。用金則不宜多水。以泄官殺。

（己巳時） 己土合甲。財來就我之謂。惟柱中木火太熾。燥渴有加。喜見壬癸以調和。則生機蓬勃。巳中有丙戊。可作食神生財取用。若丙戊透干。益見清純矣。

（庚午時） 甲生卯月。乘權秉令。刃旺原喜七殺相制。無如時上庚金。臨於午地。火乘木旺而制金。以是虛露失垣之庚。不能制裁旺盛之木。故須支有土財。泄火生金。金遂為我所用。

（辛未時） 日元甲木坐庫。於時支。卯未半會。氣勢充沛。辛透無力。最喜土金協助。否則柱中疊疊逢木。大宜火之泄秀。所謂制之不如化之也。

（壬申時） 時逢壬申。金水同聲相應。惟仲春之木。最喜雨露之癸水相滋。壬水屬陽。有失灌溉之力。反泄七殺之氣。故喜有土得地。制水扶金。有土而又有火。則更妙矣。

（癸酉時） 卯木陽刃。逢時支酉金相沖。幸有時干一癸相生。木氣轉弱為旺。再有帶水之木。或火土並見。而與癸無犯者。富顯無疑。

（甲戌時） 日元甲木。遇春發榮。月提有卯木之刃。時干有甲比之助。旺盛可知。時支戌土。見月提之卯。戌為六合。雖無合土之象。要亦因合而失財之大用。貴乎水以潤之。火以煊之。金以裁之。

（乙亥時） 二日甲木位居刃地。時支亥水位臨長生。亥中藏壬。可以潤木之燥。天干甲乙並立。地支亥卯得垣。獨喜金來制木。藉成棟樑之用。兼有一二點土以生之。益覺有情。

甲日辰月

(甲子時) 甲木生於三月。氣勢漸衰。火氣漸進。值茲春深木老。喜有金以削伐。忌見火旺損金。所謂斧斤以時入山林材木。不可勝用也。壬癸之水亦喜得以潤木之燥也。子辰又會財化為印。時干一甲助身為旺。庚辛誠為必要之神。無論透干藏支均宜見之。土少可以培木。土旺又防折木。

(乙丑時) 三月甲木得辰中藏乙暗助。時乙又透干。日元弱而不弱。辰丑兩財坐庫。財藏不露。又中藏癸水。木性得潤。惟干木支土。劫比有爭財之象。最喜金秀透干。自可全其木土之性。

(丙寅時) 三月甲木退氣。幸時根逢祿。亦可轉弱為強。丙火食神透自寅宮。火旺泄木菁英。時維三月。火氣將進。已非為甲木所需要。故太旺有損金之嫌。見金而遇火制者。則尤喜水以去火之病。否則名為鈍斧無鋼。

(丁卯時) 季春甲木旺轉為衰。時支一卯坐刃。日元氣轉生旺。時干丁火。有泄木之氣勢。木火土輾轉相生而無阻節。金之官殺。水之印綬。柱中不可或少。有金見土。格成財滋弱殺。有水見金。格取官印相生

(戊辰時) 甲木兩見辰土。餘氣兼有辰中兩癸之相生。木氣得地有根。惟柱中土尚多。過於木財略重。身較輕。仍喜甲木以去財之病。乃一神一用之妙法。有金透干。自以金泄旺土之氣。為最可取

(己巳時) 甲生三月。木氣已老。用神不離庚壬。用庚者使其斲成棟樑之器也。用壬者使其調濟斯旺土之燥也。時逢己巳火土同旺。財有食神之生。名為財星有根。但日元衰弱。不能任斯食財。惟喜水印制火生扶甲木調劑於平矣

(庚午時) 三月甲木退氣。本身不見比劫之助。當以身弱論之。時干庚殺。臨於午火之上。似乎金被火制。庚金無能為力。喜其月提辰土。足以泄火。轉來生扶庚金。是午火有辰土之泄。雖旺不旺。庚金有土財之生。雖弱不弱。不過日元僅恃辰中乙癸相助。根氣太淺。要有甲寅乙卯等字。分居干支。或有一二點水以助之。則五行歸中和矣

(辛未時) 甲木餘氣於辰。坐庫於未。辰未雖皆為財。木因辰未而得根。時干辛金有謂見七即生。不知時支之未中藏木火。不但不能生金。抑且有爍金之患。是土之生金。必以辰丑為濕也。辛金伐木之力極微。有時雖可借用。究

不達用庚金之爲美也。

（壬申時） 時值暮春甲木氣轉衰弱。時支申金。與辰拱水。而時干又透壬水。水勢不免太旺。蓋水能生木。水多亦能漂木辰申所藏之土。以其性濕不能制水之流惟喜戊土透干方可引以爲用此卽印旺而用財破印也

（癸酉時） 日元甲木僅恃辰中一點乙木刼財時逢癸酉官泄於印轉以生身惟酉金有辰土之生官星轉旺而淸。總以日元欠旺不能任此財官。故喜有木比相助方能全其大用

（甲戌時） 三月甲木其性至弱非有水木印比之生不能鞏固其根。月時辰戌一冲。土財之勢益旺。天干兩甲自難任此旺財幸月提辰土暗藏癸乙身雖弱而尙不至於太衰也身財最專兩停財旺最喜木來助身。舍此惟喜水印生扶。

（乙亥時） 甲生辰提木氣退縮。日元坐亥時逢長生。干透乙木。刼又幫身。亥中所藏壬印又得生扶木神。水木打成一片不旺自旺要有金氣得地制之爲良所謂靈見木旺。必賴金以斷削。方成棟樑刼印再多。總非宜矣

甲日巳月

（甲子時） 四月甲木火旺爲病。葉燥根枯。生機窒礙。喜有水之潤澤。金來發源。蓋木氣盡泄於火。巳中庚殺戊財。又來尅制時干甲木雖可幫身以虛露不實無能爲力所喜時支一點子水足以潤木之根惟四月水臨絕地須有多金助長水勢格局始可轉淸火土兩神總以少見爲妙

（乙丑時） 甲木日元誕於四月火旺木泄氣散南離時干乙木刼財露而虛浮。妙得時下一丑。丑爲濕土。可以稍戢旺火之氣。況丑中辛癸同宮木燥有賴潤濕喜再水透干頭復有一二點金以生之遂歸中和矣

（丙寅時） 四月甲木以金水爲不離之眞神而獨以丙丁爲忌神月提巳火時坐寅祿時干一丙高透。又逢生逢祿。木火之勢旺矣身旺本喜泄秀特夏令甲木反以火泄爲非宜必須有得地歸垣之水以濟之庚辛之金以生之。

始可免於枯燥

（丁卯時）　木至四月位臨衰地。火旺木渴枝葉枯憔。時支卯木爲刃。時干丁火爲傷。大有火旺木焚之概。欲去旺火之病。療木之燥。非水而何。然則水印洵去病之藥。抑亦旋乾轉坤之神。再見金以助之者。益見清潤可喜。添花錦上矣

（戊辰時）　甲木日元。誕於巳月火旺之候。陽氣漸壯。木不華秀。時支坐下辰土。乃爲木之餘氣。喜其中藏一點癸水。藉以潤木之燥。而戊土透於時干。轉成財旺印輕。土重自然水塞。兼之巳火又來生土。則土愈旺而身愈弱矣。然則水印木比。實爲當務之急。舍此莫屬也。

（己巳時）　四月薰風。巳至甲木之氣轉衰。月時兩巳。火勢炎熾。火炎則木氣更弱。巳中兩庚。雖有兩戊之生。不致被火所鎔。然亦患乎亢燥而不能生水。欲救苟延殘喘之甲木。非見重水不爲功

（庚午時）　甲日巳月木氣盜洩。時落於午。益添火焰。庚金七殺雖坐生於巳。火旺則金其被鎔。書云。木行南離。名爲焚[illegible]之又。火金交戰。故要有帶水之土以構通之。再有水木相助。五行有情而不悖矣

（辛未時）　甲木日元。坐庫於時支之未。孟夏火勢極旺。兼之燥土不能培木之根。時干辛金更無濕土以生之。壬癸以滋之。木之生機殆盡。如再見火土之神。則爲木火土三神成象。即順局中之從兒格是也。柱有壬癸之水。又當棄從兒而以印綬爲[illegible]

（壬申時）　甲木臨於巳位病[illegible]時支申金絕地也。莫不曰身因尅泄而太弱。殊不知申中所藏壬水印綬。可以制食化殺。壬水坐於申地。金水義結同心。甲木弱於何有。水印不能再來。太過反成母旺子虛之象矣

（癸酉時）　四月甲木人恆以火旺木衰爲病。然此造火病轉爲不病。蓋柱中巳酉會金。食化爲官。時干癸水。全賴金以滋旺。以此得氣之水印。自可助我。惟水印既有巳酉之相助。無須重見。重見而又無戊己之財。反成母慈滅子之象。

（甲戌時）甲木被泄於巳。時支戌財。土燥不能培木之根。時干甲木比肩。不載於地。身財之氣未能融洽。雖巳戌有相生之意究屬枯燥。故須有壬癸之水調和。庚辛之金以發水。始克有濟。所以夏令之木。金水實調候之眞神。須臾不可或離也。

（乙亥時）甲木長生於亥。水助木比而轉旺。時干乙木坐亥。濕潤而得生。乃以亥巳互激。氣勢有損。滴天髓云。生方怕動。良非虛語。惟巳亥雖冲。乃水來制火。非火來制水也。去火之病。適足以益我日元。所喜有金相助。全其水之精神。自然流長源遠矣。

甲日午月

（甲子時）甲木比肩幫身。加以一點子水。原可收濕潤燥木之功。惟子午一冲。水火兩敗俱傷。自應加強水勢。得見庚辛相助。格取殺印相生。如火土叠見。制去金水。偏枯之象也。

（乙丑時）甲木日元有乙劫幫身。時支坐下丑土。暗藏辛癸。得以潤斯燥木。且丑爲濕土。亦可以收旺火之氣。若金水未透干頭。力量仍嫌微弱。如戊己雜出。格局濁而不清矣。

（丙寅時）甲誕五月。木之精神盡泄。日元雖坐祿於寅。似乎木氣有根。不知寅午一會。比化爲傷。而丙火又透於時干。增火之勢。忌神可謂深重矣。然則去病之法。惟有藉辰丑濕土以泄之。壬癸以制止。有病得藥。格自佳矣

（丁卯時）日元甲木。時卯爲刃。透丁洩秀。木火通明之象。四柱須有一二點財。透干得地。絕官印之神。格成木火從兒。若一見水印。轉成木火傷官佩印。既用印。不喜見財。見之格劣。

（戊辰時）甲誕五月。身臨病地。時逢戊辰。財旺於身。幸而辰中乙癸相生。略以補助日元之不足。所喜木來比助。水來資身。則成身財兩停之命矣。

（己巳時）己土合甲。巳午火旺。木因火泄而愈弱。火賴木生而愈旺。支有辰丑帶水之土以泄之。方能保全木之生

機。更見金水同來。彌覺可貴。否則任其亢陽肆逞。甲木安得不虛焦乎。

（庚午時）日元甲木支臨兩午火勢熊熊不可嚮邇。身弱傷旺。獨喜水來潤澤。金發其源。金水兩全。則旺火之氣自懾若再見甲乙巳午等字格局陷於偏枯矣

（辛未時）日元甲木得庫於未。未中乙木以有丁火而被泄。雖曰木坐庫地。而助木之力極微。況午未六合。氣又轉變時辛爲旺火所熠金其脆矣際茲火旺木泄之情勢下總不外乎見水爲需要

（壬申時）五月甲木位居死地。身主之弱。較之他月尤甚。若無印比之助。實難全其生機。時逢壬申。金得祿而水逢生大有水火既濟之象。乃忌戊巳雜出。濁水而成大病。如金水叠見。熄滅午火。刺激太過。亦非中庸之道也。

（癸酉時）甲日午提火旺木弱。時支酉金被午制去。因是時干癸水轉成孤虛。夏木以水爲眞神故最喜。金水得地逢生。否則無源之水易於乾涸。是庚申等字。尤宜先見也

（甲戌時）甲比幫身。午戌半會。木虛火旺。見象自明。木虛喜有刼印以助之。火旺喜見濕土以收之。命書云。太過宜剋制。不及喜生扶。亦堪以此例言之。故金水二神之所以爲喜。蓋取其生扶與潤澤之意也。

（乙亥時）甲木見亥爲長生。壬水見亥爲祿位。身印兩旺。木潤不枯。月提午火。切忌透干。燥木雖有亥中壬水之印以制火須知火旺亦可以制水此係反剋原理十在夏火炎烈之時絕對不宜多見。

甲日未月

（甲子時）甲墓於未。活比幫身。子印藏支。木性自然不枯。六月火漸退氣。非似五月甲木之必欲見水。若木旺而又金透。斲輪之象。金多而有火制。格取食神制殺。水如太多。三伏生寒矣。

（乙丑時）甲木坐貴於丑。未土因明冲而益旺。時乙盤根於未。祇可言日元不弱。非可以言旺也。如透一水印。自可任此當令之財。否則天干甲乙。地支丑未。總有爭財之嫌。苟有一火從中構通其氣。則以三神成象論矣。

（丙寅時）日元得祿於時支之寅。干頭丙火得生，木火之勢皆旺。時屆夏末。金水進氣，火勢消沉，非若仲夏甲木之必欲水來調候也。但亦不可無一二點水，略以潤木。水而多透，須防梟食交戰。

（丁卯時）卯未會木，日元蒂固根深。一丁透出，病在太燥。須有一二點水以潤之，格局始臻中和。身旺透火，最喜十財，再見比劫，或有庚辛泄財之氣，用財不真矣。

（戊辰時）日元得庫於未，餘氣於辰，可謂通根得地。不知辰未皆土，戊又透于時干。身雖通根而不能任此旺財，其為財旺身輕明矣。然則如何使其身財兩停，惟喜木比以助之，水印以生之。自然身財得均，不偏不倚矣。

（己巳時）日元甲木月提得庫，時干己財合甲，己甲有貪合之情，名為財來就我。巳火為食神之地，木因火泄而愈弱，火有木生而愈旺。但甲己合，巳未拱火，頗有化土之象。喜再透火土作化格論，忌有甲木冒元則破格矣。

（庚午時）甲木誕於六月墓庫之地，月未時午，成為六合，財隨傷意。時干獨殺高透，剋泄交加，日元益見孱弱，非有有寅亥等字，不能轉弱為強。如見水印制傷化殺，兼有劫比以助身，則得之矣。

（辛未時）甲木兩見未土財星，未又為日元甲木之本庫，未中暗藏兩乙，足以助身之旺。但未中丁火泄木，故亦不如坐下有寅亥之為氣壯也。甲以庚為良友，時辛力弱，喜有水印相滋，申酉助官，大用遂成。

（壬申時）甲木日申，坐於絕地，壬印高透，絕處逢生。此時水已進氣，似無須再見金助。金來則水勢添旺，反寒木性。故六月甲木身旺則喜庚，身弱獨喜劫比相助也。

（癸酉時）日元甲木臨未為庫，時逢癸酉，金水同心。大暑前火氣猶存，宜以潤木為先；大暑後水已進氣，多水生寒，雖同是一水，而喜忌迥異。總之六月甲木，身弱喜多見木助，亦不宜多見水印。故如本身已得中和之氣，尤喜庚金制木為良。

（甲戌時）天干兩甲，地支兩土。日元虛露，財星得根，比財有爭奪之象。時屆季夏，土正當旺，獨喜木氣得根，方能任此旺財。如有一二點水以濟之，尤佳。不過財比相持之局，勿論身之強弱，首要火為通關也。

(乙亥時) 甲木得庫於未長生於亥亥未拱木兼有壬印之生。時刼之助。日元之旺。不言而喻。喜金之官殺得地透干身旺用殺最爲相宜用殺則忌水泄火制苟有少許土來助殺益見可貴矣

甲日申月

(甲子時) 甲木生於七月絕地也。月提申金與時支子水。會成半水之局。木得水生。自然身旺。惟時值金氣秉令之候生水之力極大水可生木。亦防寒木故最喜庚丁丙透格取傷官駕殺。

(乙丑時) 甲日申提日元絕處逢生時支丑土財星得貴乙刼在干木亦得助。需要庚金高透用殺無疑。金重又防損木則喜火來制之也。

(丙寅時) 丙日申提木之氣勢臨絕。時支寅木臨官。似可助身爲旺。乃以寅申互沖。木根盡拔。而壬印又被寅中戊土所制。比印兩傷木氣衰矣時干一丙。又來泄木菁英。救之之法惟先堅強木之陣容。然後用金用土。財官皆屬於我矣。

(丁卯時) 甲日申提時卯坐刃。其身不旺而旺。時透丁火。木助火旺。有洩秋木之氣。所喜木比相助庚金透干。使其身殺兩停自然相輔有情

(戊辰時) 戊辰財星得地生助月提申金。格成財滋七殺。殺旺必須火來相制。方可假殺爲權。攙構雖佳。惟嫌本身太弱。須有印比相助格局始臻完備。

(己巳時) 時支巳落文昌。干頭己財就我火土金相輔有情。惟日元僅賴申中一點壬印相生。木之氣勢。究欠充沛。須有木比生助。助其身根雖曰秋木以殺爲生。秋木得金而造。然過於金重木輕亦非所宜也。

(庚午時) 申中壬水印綬可助日元甲木。木賴水生。氣轉生旺。時干庚金透自月提。殺旺概可想見。妙有時支午火制殺。格局盡善盡美。此造重心在於丁火。獨忌水來困午。設或遇之。首須達其去病之神。

（辛未時）甲木得庫於未。兼有申中壬印之相生。日元不以弱言。時干辛金。有時支未財之生。此即時上一位貴也。四柱見庚則殺官相混。用丙丁之火去一留一。未始非激濁揚清之妙法。如殺從官勢者。不以此論。

（壬申時）時干壬水。坐下兩申長生。金氣盡洩於水。水印太旺。木浮而寒。喜有土財去印。如柱中土付闕如、或土雖有而虛露無根。不能破此旺印。則當順其水木之性。謂金水木三神成象。反以財官為忌也。

（癸酉時）金水三見。其重心在水而不在金。甲木得水相生。日元自旺。惟時屆秋令。水多木寒。有損木之精神。故火之食傷。柱中最為重要。兼有土財以制去旺水。氣象自歸中和矣。

（甲戌時）時干比肩虛露。時支坐財。日元甲木。僅恃申中壬水相生。氣勢不甚朗健。殊難敵此旺財。惟時戌有生申之意。祇要重見庚辛申酉等字。自應以用印化殺為眞。間有土來制去申中水印。則成當令之從殺格。

（乙亥時）甲日而時支亥水長生。並有申亥中所藏兩壬相生。時干又有乙刼之助。日元旺相可知。本身既旺。自可任用金殺土財。尤須財先去印。金可兀立無傷。否則殺戀於印。反增寒水之勢。金殺失眞矣。是柱中之土。誠去印衞殺之一絕大關鍵也。

甲日酉月

（甲子時）甲誕酉月。居於胎位。金氣秉令。則木勢愈弱。喜其月提酉金。轉生時支子水。水由金生。木賴水生。日元轉弱為旺。惟仲秋氣候漸寒。喜有丙丁之火以暖木。方有蓬勃氣象。

（乙丑時）日元甲木。時干乙刼幫身。時丑財星。臨害酉丑半會。財化為官。不無木衰金剛之象。須地支見有寅亥。先固本根。再見一二點火以温之。格局自臻上乘矣。

（丙寅時）甲誕酉提。金旺木衰。時落於寅。弱轉為旺。一丙高透時干。秋木藉以陽和。喜其火金各立門戶。不相妨礙。應以月提酉金官星為重心。一切寅由另列干支。當取傷官制殺。

（丁卯時） 甲日見卯為刃。酉卯相冲名為陽刃出鞘。因之甲木勢成孤立。補救之法。喜劫比之助。水印之生。方可弱轉為強。如比印兩缺。獨來七金。可作從殺格論。

（戊辰時） 甲木坐時支辰土餘氣。本身微弱。月提酉金遇辰而合。財隨官意。加以戊財透時。金賴土生而益旺。八字官清而厲可喜。惟日元過弱又為可慮。然則救此弊以比印為尚焉。

（己巳時） 甲坐酉提。人盡知其為秋木凋零。巳酉會金。食隨官意。時干己土。金再得助。土金結黨。秋木不勝其尅矣。急須比印同來。儘量加強己身。然後再見火來制金。格局入於中和。

（庚午時） 八月金氣當旺。木最衰弱。而時干庚殺透露。雖根於酉。然得時支午火制金。遂成秋木火金之大用。惟以日元甲木休囚。不免尅泄交加。環宜再見亥寅以充實之。

（辛未時） 甲木坐庫於未。辛金得祿於酉。身官清潤。意暢情舒。官星最喜土財相生。不若旺殺之喜丙丁食傷相制也。惟秋金官殺。須有一二點水以潤金之燥。柱中火多乏水。金其脆矣。為格所不取。

（壬申時） 甲臨酉提。木衰金旺。時透壬申。雖云秋水通源。可以生助衰木。不知申酉皆金。生水力強。轉使日元甲木。頓呈虛濕之象。須有火以暖之。土以培之。木之生機始暢。

（癸酉時） 甲木時坐金地。時干一癸生身。金水義結同心。母旺子衰之象。秋月寒氣漸增。須有火以暖木。土以制水。在另一方面。尤喜甲乙寅卯以助身。然後氣勢純和而不悖。

（甲戌時） 甲比幇身。戌遇酉而成西方之氣。見水滋支潤木則生。見火透干煊木則暖。此八月甲木不可或缺之神也。如天干再遇庚金。地支再來申酉。而水印又被土制。作從殺論。

（乙亥時） 木至秋令。其性已凋。時干乙劫幇身。亥又坐下長生。雖曰秋木休囚無氣。黨多亦可為旺。如干支再見卯未等字。惟喜金以制。制之金弱。切忌火制。金多制反為忌。

甲日戌月

（甲子時）木誕九月。其性枯槁。戌中丁戊太燥。故須有水潤澤。時居深秋，又喜火以暖木。時干甲比。時支子水。燥木已得潤澤之功。喜有庚金透干以制木。金多又喜火之食傷。土旺則須甲木來疏也。

（乙丑時）甲生九月。雜氣財官。時干乙刼幫身。時支坐丑財。貴財星之勢旺。而日元之木弱。如干透火土。地支復見四庫。作從財論。否則。喜有水木同來。制土扶身爲要。

（丙寅時）日元甲木得祿於寅。時干丙火又坐生於寅。寅戌又有拱火之情。柱中厚土旺。火木其燥矣。喜有水來潤澤。秋木原以庚殺爲貴。透干防火制。須有濕土爲範。格取財滋七殺。

（丁卯時）九秋甲木。時支卯刃。日元不弱。丁火透干泄秀。木火有通明之象。惟以氣勢太燥。喜有壬癸。木得以潤。用金最喜辰丑之土相生。見水泄金。非所宜也。

（戊辰時）一木三土。財旺身輕可知。辰中一點乙木餘氣。竟被戌冲而根拔。如柱中再見火土。當作棄命從財。一見木比水印。從財之格破。反以水木爲用矣。

（己巳時）己巳並戌。火土得勢得地。日元甲木。性轉枯槁。須有一水透干。兼得金之官殺相助。然後身財兩旺。總之身輕財旺。印比不可或缺也。如柱中絕無印比之神。而見一派火土者。從財乃眞。

（庚午時）午戌會成半火之局。一庚高透時干。日元甲木。既被旺火之泄。又被金殺之剋。泄交加。木其虛弱甚矣。際此情形。獨尊水來制火。潤金。滋木。氣勢乃歸中和。

（辛未時）月時未戌相刑。而土財無實。日元坐庫。時未。力量極微。一辛透干。以坐下戌未。燥而不能生金。最喜水印透干。潤金生木。則官星濟潤。身亦健旺。是水實調候之眞神。柱中見之。多多益善。

（壬申時）甲木氣絕於申。時干透壬。日元絕處逢生。妙在戌中丁火。暗助木氣。吉神深藏。至爲可貴。柱中木氣微弱。

水卯已足。與見金水相生。則有浮木之患。理宜衛木比泄水。日元之根乃固。

（癸酉時）時支酉金。日元甲木之胎位。酉戌氣秉西方。金氣益旺。妙有癸印透干。藉以泄金生木。氣勢轉偏爲和。切忌干透庚而支再見申。丙丁之火。不可少。此即假殺爲權之說也。

（甲戌時）兩甲兩戌。木土有交戰之象。火雖可以解木土之爭。但因甲木虛露無根。見火木氣益泄。土重更有折木之患。水得金助。潤土生木。最要寅卯坐支。方能任此旺財。身財兩停。格乃完備。

（乙亥時）甲木長生於亥。乙劫幫身。日元根深蒂固。惟九秋氣寒。宜以火暖爲先。木賴陽和而發榮矣。金氣純清而不雜。用殺方佳。兼有土以生之尤佳。木已旺而再見木神。其猶飽而進餐。則必病矣。

甲日亥月

（甲子時）甲木日元。誕於十月。金休囚而水已進氣。時維冬初。寒氣益增。用神不離丙丁之火。甲臨亥提長生。天干比肩幫身。時支又坐子水。寒水助木。非但不能生扶。抑且有凍木之虞。故冬木以水爲病。喜丙戊得地。木方萌芽怒發。並有庚丁得氣。益發美不勝收矣。

（乙丑時）日元甲木。月提見亥長生。時乙劫財幫身。丑藏辛癸。氣寒愈厲。甲木幾成忘形。誠能火土同來。並有一丙高透。名爲寒木向陽。蓋木以火爲泄。冬木反泄爲生。此五行理外之理。不可不知也。

（丙寅時）亥生寅祿卯泄於身。時落丙寅。可謂配合有情。兼之寅亥六合。木之根基愈固。獨忌金水疊見。損傷時干丙火。有戊制水以存火。仍不失爲上格也。

（丁卯時）甲日亥提。木因水而根損。時干卯木陽刃。可以增木之強。培木之氣。更妙亥卯半會。去水之病。時丁高透。暖木有情。喜再有金制甲。則丁又暖金。氣協情和之造。誠難能而可貴者矣。

（戊辰時）甲木得亥子卯比相生。日元之根氣不弱。時值戊辰。財星旺而有餘。土財雖可培木。究嫌土濕木寒。丙丁乃謂傷之眞神。有去寒濕木之功。苟能得地通根。不見水來尅制者。格最佳妙。

(己巳時) 月亥可以濕木。時巳可以暖木。惜乎巳亥一冲。旺水去其衰火。時干一點己土。去病之力不足。因之土木皆燥。木之生機不發。故喜有丙丁重見。兼滋木以生助。則火自旺而木自暖矣。

(庚午時) 庚金透干。本是甲木良友。惟冬木見之。獨恐生水爲病。金生水旺。木必病矣。妙有時支午火。木暖得以發榮。然支不透。力嫌微弱。喜再丙丁透干。火力乃充。金多固喜火制。木寒又何嘗不喜火暖耶。

(辛未時) 甲日亥提。木得長生。水印轉生。時支未土。亥未有會拱之情。身主更旺。未中一點丁火。所謂吉神深藏。暖木有氣。時干辛金官星清澄。喜有七財相生。格取財旺生官。

(壬申時) 日元長生於亥。時透壬申。殺印相生。八字金水皆旺。木寒有飄蕩之象。決不宜再見金水。以促木之生機。所喜土來制水。火來暖木。始臻完美。

(癸酉時) 時上干支金水齊來。日元甲木又坐亥提。金水沉瀣一氣。殊覺清澈。惟時居冬令。木之氣勢愈寒。有如許金水。不無凍木之慮。喜有火之食傷。土之財星。藥投自然病除。

(甲戌時) 寒木忌水喜土。論命者言之詳矣。時逢甲戌。妙在戌爲燥土。去水兼乎培木。而戌中一點丁火。煊木自更可愛。惟忌金水叠出。濕土制火。則有情變爲無情矣。

(乙亥時) 三甲一乙。㛂比同來。且有亥子兩壬之增寒。木雖旺而嫌濕。救之之法。須有高亢之戊土。驅除其寒濕之氣。透干之丙火。暖大精神。格成食傷生財,否則徒見一派水印。木雖多奚益哉。

甲日子月

(甲子時) 天干兩甲。地支兩子。母旺子相之象。嚴冬寒氣濕人。木性虛濕。若非陽和之氣以煦之。安望其木之發榮乎。所以喜有財土以制之。木火土三者俱備。然可貴。

（乙丑時）甲日子提。時臨丑貴。一點濕土。可以助長子水之勢。明爲培木之根。實則寒木之氣。所以支要寅巳等字。日元之根始固。如再見一丙高透。名爲寒谷回春。總之生旺之地多見爲妙。死絕之方不宜再逢。

（丙寅時）日元甲木。妙得時逢丙寅。火土同生。一點子水藏支。庸又何傷。惟忌金水透干。有傷木之精神。水如太多。須有土來制之。藉收堤防之功。具火土兩神。實冬木最切要之眞神也。

（丁卯時）甲日子提。位臨沐浴。冬水生木。生而不生。喜其時支卯木得刃。日元通根而旺。時干透丁。固不逮丙火之力強。乃以坐下卯木氣旺。不亞於丙。水來則丁火啣制。金旺有助水之情。多見非所宜也。

（戊辰時）甲日子提。寒木也。子辰半會。寒水也。以寒水而欲生木。反促成其凍木之勢。妙在時干有厚重之戊土。藉以塞水之流。並收培木之功。但以氣勢欠純。喜有得地之寅。透干之丙。則木之根基自實。木既生旺。當以火土金傷生財爲中心。

（己巳時）冬月甲木。歸根復命。最喜生旺。獨忌死絕。時逢己巳。巳中火土得祿。寒木藉以照暖。干透己土。培植木之根基。冬金不能制木。因有寒水洩金故耳。金非不能爲用。有火制之乃佳。

（庚午時）木臨子月。既寒且濕。時干庚金高透。地支子午相冲。旺者冲衰。午火盡拔。以是本身之弱。概可想見。故喜支有寅卯。木根乃固。水來生變爲尅。火來泄轉爲生。

（辛未時）甲木坐庫於未。寒木得以培根。月提子水固寒。有未制之可解。時透辛官。清純而正。惟以丁火藏於未庫。火之氣勢不足。最妙一丙透干。木暖而益見生旺矣。

（壬申時）壬申金水氣旺。申子又來會水。寒枝生機盡滅。非有厚土制水。烏能培此木根。水旺切忌再見金助。有金則水必冲奔。而木根盡浮矣。除土以外。丙丁之火。尤不可少也。

（癸酉時）癸酉爲陰金陰水。不如壬申氣勢之澎湃。惟十一月甲木。無論陰水陽水。胥以少見或不見爲妙。戊土固爲所喜。丙丁尤爲可貴。如單見食傷。則水火必爭。故須有土相制。方可全其火之大用。

(甲戌時)　戊乃帶火之土。可以培木之氣。兼收止水之功。時干甲木。不載於地。似覺天元羸弱。喜支見寅卯。干透甲乙。始克有濟。身旺金乃可用。萬無喜水之理也。

(乙亥時)　時亥為甲木長生。冬木坐水生寒。乙刼透干。本身不弱。乏土則木根不固。乏火則木性不暖。土火兩全。木遂蓬勃。尤以子亥為病。而以火土為藥。

甲日丑月

(甲子時)　甲誕丑提。冠帶之位。斯時天寒地凍。木之生機受阻。丑乃濕土。見子則蕩。甲木覆而不載。根虛則木必受傾。急欲有丙丁之火。驅水之寒。固重之土。培木之根。如再來辰丑亥子等字。雖有一二點火土之神。亦覺其病重藥輕也。

(乙丑時)　甲木誕於十二月。天寒地凍。木性盤屈。月時之支。兩丑並列。以丑中辛癸深藏。沉鬱之氣未除。時干乙刼。望之似可助身。實則木不能助。必須有丙寅戌未等字。萬象乃轉清新。火土兩缺。病重藥輕矣。

(丙寅時)　丙寅為木祿火生之地。寒木有火透干。配合可謂有情。十二月甲木。以取食傷生財為上格。食神制殺亦可喜。命書云。冬月甲木。火重不厭。水泛非祥。二語意義安在。蓋首重調候二字耳。

(丁卯時)　卯為日元甲木之刃地。時干透丁。暖木不足。須有甲木多助。亦可發丁之焰。甲多乏丁。用等於丙。冬木以重見金水為忌。水多乏土。則木更寒濕。

(戊辰時)　甲木得餘氣於時支之辰。時干戊土臨財。通根於丑。一木三土。顯係身弱財多。喜有木以助身。制去土財之病。更妙火之食傷。用以溫暖土木之性。如柱中印比不見。更來一派火土者。可作當令之從財格。

(己巳時)　暮冬萬卉闌珊。為甲木休囚之地。月提丑土。因丑藏癸辛而增寒。妙乎時逢己巳。丙火坐祿。有寒谷回春之象。時干一己合甲。名為財來就我。適為我用。富麗堂皇。苟有一二點木以助之。益覺情協氣和矣。

（庚午時）時透庚金。得庫於月提丑土。七殺可謂有氣。日元甲木無根。身殺難見兩停。所喜時落午火。殺化爲權。兼以暖木之寒。如有木比通根相助。格取傷官制殺。

（辛未時）甲木得庫於未。又爲日元貴人。冬木賴以盤根。惜乎丑未一冲。未中乙丁皆傷。時干辛官。坐庫於丑。清純不濁。縱以辛官爲用。尤應先見木助。至於水之印綬。柱中切忌見之。

（壬申時）壬申金水兩旺。冬木受害匪淺。木弱不勝土財之制。水祇有用木比以泄水。較爲相宜。惟不問其水旺木弱與夫木旺水弱。寒則一也。獨有火之食傷。身弱得之。則成反生。身旺得之。亦足見珍

（癸酉時）癸酉兩神。性皆屬陰。木寒豈喜見之。日元甲木臨酉。較坐申金尤弱。且酉丑半會金局。木根盡枯。欲去其病。須有木以助之。火以暖之。土以培之。三者咸備。格自佳矣。

（甲戌時）天干雙甲。地支雙土。木土交戰。財星被奪。按之比財相峙。妙有火來通關。則成木火土三神成象。卻或不以通關論。在茲寒冬臘月之木。又非火暖不可。但因身弱財旺。木神更不可或缺也。

（乙亥時）甲木臨亥爲長生。時干劫財又來助身。日元得地通根。可謂旺矣。惟丑亥中金水歸旺。有損木之精神。喜丙丁之火。以全木之生機。金可生助旺水土來何妨見金總之木寒不發見火乃榮

乙日寅月

（丙子時）初春乙木。餘寒未除。須有陽和照暖。萬卉乃榮。書云。乙性至柔。最喜懷丁抱丙。時干丙火。通根寅提。時支子水。潤木有功。一暖一潤。格局美備。所忌者有壬亥。損丙木之生機殆盡矣

（丁丑時）乙木見寅。籐蘿繫甲。木之根基極固。時逢丁丑。財星之力亦強。身財兩旺。自可以財爲用。水印乃春乙所不可少。然多水亦防困火。若有土以制水衛火。仍不失爲格之佳者。

（戊寅時）初春木漸轉旺。月時兩寅坐支。日元氣勢充沛。兼有寅中兩丙照暖。身旺得泄。自誠可貴。一戊透時。財爲

我用。若柱中少水。不免春旱。

(己卯時) 乙日坐祿於寅卯木氣生旺可知。時干一點己土。臨於旺木之上。名爲截脚。身強財輕。自喜火以扶財。如柱中重見木神。則當以曲直格論之。

(庚辰時) 乙日寅月。時逢庚辰。身旺足可任官。初春乙木。最要木氣暖潤。但既以庚金爲用。則獨喜土以生之。水多反來泄金。火多反來制金。書云用神不可損傷。誠哉是言。

(辛巳時) 木火兩旺。身旺洩秀。時干辛金。以火旺於金。制殺不免太過。火旺金弱。獨喜土來泄火生金。惟柱中木氣太燥。又喜有一二點水以潤之。

(壬午時) 乙日寅提。刼財幫身。時落午火。與月支寅木會成半局之火。刼化爲傷。日元旺轉爲弱。時干一壬高透。既濟功成。雖然寒暖得中。身主究屬旺氣不足。不可不見刼比相助也。

(癸未時) 日元乙木。時支未土。寅未中丙丁兩見。寒木賴以陽和。時透癸水。坐下未位。水印弱而無根。格局不免太燥。所喜支有蓄水之金相濟。自不陷於偏枯矣。

(甲申時) 乙恃月提寅木而得根。名爲籐蘿繫甲。時落甲申。木火之根盡拔。而申中所藏壬印。轉輾又被寅中戊土所傷。單見時干甲比。幫身力量微矣。祇要地支有子辰等字。則申金貪會忘冲。寅中木火生全矣。

(乙酉時) 時乙幫身。月提坐寅。本身弱轉爲旺。時支一點酉金。七殺藏而不露。初春金寒。無裨木之大用。正喜其藏而不露也。祇要透丙暖木。自然敷榮暢茂矣。

(丙戌時) 寅戌拱火。丙又透時。木輕火重。似以過泄爲病。且有燥渴之虞。必須水以潤之。木以實之。復見辰丑濕土以泄其旺火。五行氣和。乙木自然條達矣。

(丁亥時) 日元乙木。旺於寅。生於亥。寅亥六合。木根愈固。亥中所藏壬印。木燥賴以得潤。暖潤兩全。氣歸中和。柱中喜再有一二點土。名謂食神生財。

乙日卯月

(丙子時) 二月乙木月令建祿。木旺而復有比祿助之。木之根氣益固。時逢丙子。既暖且潤。配合佳妙。庚辛之財。壬癸之印。祇要清而不雜。略見抑有何妨。金少水多。有損木之精神。唯喜火土爲用矣

(丁丑時) 月提得祿。時干透丁。木氣可謂生旺。時丑財星得庫。身旺足任斯財。金水兩神。爲春乙不甚適宜。但少見亦有潤木之功。如木火重見。反喜水印以調候

(戊寅時) 乙木叠逢祿旺。丙火兩見。長生木生火洩。氣足神充。時透戊土。明雖坐下寅木。財被刼奪。實則寅亦財之生地也。然則身與傷財三者同旺。格取傷官生財。自無疑義。得有一二點水以潤燥更妙

(己卯時) 支見兩卯。日元精強力壯。時干己土臨於卯木比地。虛而不實。非有通根得地之土以助之。財終不爲我用。際茲陽壯木渴之情勢下。尤喜見有辰丑濕土爲能。

(庚辰時) 柱中木土兩停。其身堪以任財。時透庚官。賴辰生金。而官星益清。可以時上一位貴論。若見丙丁透干。官星被傷。壬癸透干。官氣被洩。用官最喜財生。見尅見洩。均爲官星之病

(辛巳時) 乙木得祿於卯。時逢巳位。爲之洩。一辛透干。爲之尅。祿尅洩三者相較。衡其孰輕孰重。自然休囚之財殺。難敵旺木。當以時干辛殺爲用。所喜辰丑之土同來。則金氣旺而木亦得潤矣

(壬午時) 卯午同來。比戀於食。乙木之英華洩盡。妙得時干透壬。可以制火之炎。潤木之燥。兼以生扶此孱弱之身。柱中火氣已足。再來丙丁則忌。若水印多見。木之元氣可復。

(癸未時) 天干癸乙相生。地支祿庫根足。木氣彌見生旺。如干支再見水木相助。象成方局。自當順其旺勢。作曲直仁壽格論。既成此格。尅木洩木最忌。否則仍以火土食財爲喜神

(甲申時) 月提建祿。甲木透干。木之氣勢極旺。時支申金。官印相隨有情。柱中有土生金。當以財官爲用。如支中再

見子辰等字申化爲水。則必以土財爲貴也。

（乙酉時）以失時之酉。冲當令之卯。豈可得乎。又乙比透干。仍以身強論。喜火土吐秀。若多金剋木。有水不妨。水能潤木。除非過多。總屬喜見也。

（丙戌時）卯戌六合。木火同情。一丙透干。木氣盡泄。傷旺身弱。彰彰明矣。書云。身輕泄重。佩印爲宜。印者水也。有水生木。日元自然轉旺。且木火炎燥。更喜水以調和其氣也。身弱而復有木以助之。亦佳。

（丁亥時）一亥一卯。木得潤。勢愈蓬勃。時透一丁。氣怯而微。須有他火以助長其勢。方成木火通明之象。如見金之官殺。自應舍火以用金。更喜土財生之。金如太旺。用火制殺爲權。

乙日辰月

（丙子時）乙生暮春之月。陽氣愈熾。木氣愈老。癸丙爲不離之眞神。乙日辰提。木有餘氣。而辰土財星當旺。時逢丙子。辰子半會水局。財化爲印。乙木賴以潤澤。時干丙火高透。泄秀有情。如再有一二點戊己之土。可作傷官生財格。

（丁丑時）三月乙木。春深木老。時干透丁。木以照暖。辰丑土財得地。財星可云得氣。妙在丑中辛癸相生。木得調濟。八字暖潤兩備。惟日元稍弱。苟有寅卯等扶助之。尤爲可喜。

（戊寅時）時落戊寅。乙木根深。月提辰土之財。透於時干。以我身之旺。足以敵之。柱中寅辰乙戊。木土有交戰之象。氣有未協。所喜丙丁透干。構通比財之情。則木火土息息相通矣。

（己卯時）乙木日元。卯辰氣轉東方。身旺可知。時干一己。坐於卯木之上。雖時値土令。究不免被木所損。身旺財弱。須有火以彌縫其隙。使其財身兩停。兼有一二點水以潤之。則財星自然歸眞。而其氣勢亦可流通門戶矣。

（庚辰時）乙木二辰。木弱而土氣較旺。但辰中有兩乙餘氣。生扶日元。其身足任土財。身旺自喜財旺。用財尤喜火之食傷。惟時干庚金高透。支土盡泄於金。春乙不宜金旺。故不得不藉火以去其病也。

（辛巳時） 時干辛殺攻身。時支巳火生辰。火金土氣勢流通。獨於日元乙木。茫不相關。未能連繫。身弱概可相見。唯喜水印多見。自然金泄火制。而本身加強矣。

（壬午時） 月值辰土當旺。時支午火轉來生土。財星得氣極矣。乙木僅恃壬印所生。力猶不足。喜有寅卯等字通根生助。則堪以食神生財論矣。

（癸未時） 乙木日元。餘氣於辰。木雖得根。土財更旺。時干一點癸水。陽威轉爲濕潤。如再來戊己之土。則成財旺身弱。寡不敵衆。須見金泄轉來生水。或另有木比身。財始克兩停。

（甲申時） 申辰拱水。官星泄之於印。時干甲木刼財。助乙而旺。水木既足。自不宜再見印比之神。庚辛之金。陰木不宜多見。蓋性柔而不勝其斧斤之削伐也。土金疊見。又安得不藉火以制之乎。

（乙酉時） 天干兩乙並列。地支辰酉會金。木坐金地。木氣皆損其身之弱。概可相見。喜有印比水木相助。木之根基始固。金如透之干頭。更非火制不可也。

（丙戌時） 乙日辰提。時坐戌土而冲辰。辰中癸印乙比。去之殆盡。時透丙火。泄身生土。財其旺矣。非有木以助之。終屬身弱。且八字涉於枯燥。更非水印相潤不可。

（丁亥時） 乙木餘氣於辰。長生於亥。木賴水滋。生氣靈動。時干丁火。氣雖不足。生財有餘。氣亦和協。所喜再來火土。支配益見適當。

乙日巳月

（丙子時） 四月乙木。位居病地。斯時火勢炎炎。木性枯焦。專以癸水爲至尊之神。月提值巳。時透丙火。日元乙木。泄之殆盡。時支一點子水。妙收濕潤之功。惟滴水易涸。非有庚辛申酉。不能發水之源。蓋金爲生水之神。夏木不可或缺也。

（丁丑時）乙日巳提。火旺木洩，氣勢之弱。危乎殆哉。時干一丁透干。火勢益烈。妙在時支丑土。中藏癸辛。不惟可以納火之氣。且可收潤木之功。巳中一點庚辛。火旺不能爲用。乃喜辛癸或庚壬同透。扶助木之精神。五行不致偏枯矣。

（戊寅時）四月乙木。最忌火炎土燥。月巳時寅。木火兩旺。一戊透時。土更非良。日元乙木被困。生機損傷。火旺喜有水以濟之。土燥喜有金以洩之。金水兩全。木氣自然蓊鬱矣。

（己卯時）木氣斃於洩方。長於生方。四月乙木。乃洩而非生也。時支卯木。見火必生。火旺復有木之相生。氣勢更甚炎熾。有謂乙木得祿於卯。身旺之徵。豈知夏月之木。不以刼比幫身爲旺。乃以水印調候爲貴。金來助水爲喜也。

（庚辰時）夏木以旺火爲病。金水爲藥。除外格不以正五行取之者。可以一理同推。時逢庚辰。辰中一點癸水。潤此夏金。辰乃濕土。又可納火之氣。木得水則木之氣生。巳見辰則火洩於土。氣勢純粹可觀。但喜壬癸再透干。益見活潑矣。

（辛巳時）月時兩巳。火旺木焦。時干一辛。坐巳成爍。因之日元乙木。既被傷官之洩。又以庚辛之制。尅洩同來。乙木安望其生。救之之法。壬癸乃當務之要神。急宜重重相見。方能挽回木病

（壬午時）巳午氣秉南方。火旺木成灰飛。時干壬水。坐於旺火之地。其力微矣。以此一點無根之水。而欲調濟弱木。烏乎可耶。然則能有申亥等字以補苴之。則自木生而有救矣

（癸未時）乙木日元。時坐於未。月提巳火。遇未而土火皆旺。殊有燥木之嫌。干透一癸。原可收其雨露濕潤之功。乃以臨於未位。不通根氣。雖有若無。故喜局中再有金水方能成其大用

（甲申時）乙木坐巳爲病。見申爲絕。巳申兩臨支位。木氣可謂虛脫。不知申巳氣轉六合。病火因以牽絆。書云。喜神忌合。忌神喜合。良非虛語。且也申中壬水得生。扶助日元。喜再壬癸透干。官印相生

(乙酉時)　乙木刼財幫身。巳酉半會金局。狀成金堅木缺。殺旺身輕。夏乙本不喜刼比。但於木無根氣之時。亦喜有一二點木以助之。而水印尤不可無。身以健朗爲美。殺有印化爲貴。

(丙戌時)　時干丙火坐祿於巳。得庫於戌。火勢炎烈。乙木自焚。兼之戌爲燥土。非比辰丑之土可以培木。是則病神在火。固無疑矣。欲去其病。舍水莫屬。有水則火氣自怯。再有一二點金以助水。木性自然華秀矣。

(丁亥時)　巳亥一冲。水火兩敗俱傷。夏木以火爲病。反以冲之爲美。惟時干一丁。火勢仍未減退。喜有庚辛同來生助不足之水。則木自得生。而火氣自怯矣。

乙日午月

(丙子時)　五月火旺土燥。禾稼皆枯。用神亦不離癸水。地支子午一冲。以斯時火旺水弱。大有水不勝火之概。時干一丙高透。乙木氣散兩離。故喜有通根得地之水。遂收坎離既濟之功。土財非不可見。時亦喜濕而忌燥也。

(丁丑時)　時維仲夏。木弱火旺。時支丑土泄火有功。丑中所藏辛癸力量極弱。生木不足。喜有水以潤之。金以生之。方可全夏木生機。再見旺火燥土。格局陷於偏枯矣。

(戊寅時)　日元乙木。地支寅午半會。刼化爲傷。炎炎之勢。炙手可畏。此時乙木幾乎化爲灰燼。干支再見木火。格取從兒。否則惟以水來調候。金來發水之源爲貴。一見戊己雜出。木之精神盡失矣。

(己卯時)　乙木得祿於時支之卯。似乎日元有根。卯午相遇。木從火勢。時干己土。坐下卯位。雖不制盡。終屬土燥難培。所喜金水生旺。潤木爲先。夏木專取殺印相生。舍此可謂莫屬矣。

(庚辰時)　午月辰時。旺午爲辰土所泄。日元得餘氣於辰。雖是身弱。乃辰爲濕土。培木之力極大。時干庚金。又喜有辰土生扶。官星清而得淨。配合完備。若有一癸透干。正合木火傷官佩印之妙。

(辛巳時)　乙木無根。徒見巳午旺火之威。脅幾無存在之可能。辛坐巳地。巳雖金之長生。又安能敵此火制。惟水可制火潤金。以養全局。關鍵在此一神之有無耳。

（壬午時）五行配合。原有規定。如金水傷官喜火而惜水。木火傷官惡火而喜水。用神適得其反。究其理。亦無非靈在調候兩字。乙木兩臨午火。木氣盡洩。妙得壬水蓋頭。坎離得濟。惟以印綬無根。水之氣勢不足。喜有申亥等字金生水發源。流自然悠長矣。

（癸未時）乙木盤根於未。午未六合。木燥根枯。生機盡滅。時干一癸。以坐下未土。不能引以爲用。所喜水來通根。兼有金發其源。用神自然生動。土財爲夏乙所忌。多見更有涸水之憂也。

（甲申時）日時甲乙兩列。坐下午申泄尅之位。視之若無根。不知申中壬水。得以化官潤木。日元弱而不弱。是壬印乃旋乾轉坤之神。與夫乙木之旺衰關係。殊非淺鮮。喜再干透水。木生機益形奮發矣。

（乙酉時）乙臨午火爲泄氣。乙坐酉金爲截脚。兩乙並坐尅泄。本身衰弱可知。仲夏火正司權。大忌丙丁再透。更忌戊己雜亂。祇要金水得地而有氣。八字清潤可觀矣。

（丙戌時）午戌會火而透丙。日元菁華洩盡。夏木以火爲忌。此造偏全南方之氣。格局轉成木火從兒。惟以夏火旺不可過。亦喜土財泄火之秀。所謂兒又生兒是也。如柱中金水得地。則當棄從兒而以木火傷官佩印爲用也。

（丁亥時）月提午火得祿。時支坐下亥水。水火既濟有情。惟五月乙木。獨喜癸水潤澤。兼有金來相助。格局始臻完備。至於戊己雜亂而傷水。更喜刼比制之爲良。

乙日未月

（丙子時）六月乙木。其性轉寒。除柱中金水勢成方局。而用火暖木性以外。總不離壬癸庚辛。乙木得庫於未。一丙透於時上。有木明火秀之象。時支一點子水。可以潤土養木。四柱不宜再見食傷之神。以防涉於偏枯。金水同來而得用。氣勢自可靜清。

（丁丑時）日元乙木。時坐於未。時支丑來冲未。土勢轉旺。財重身輕可知。更見一丁透干。火又戀生於土。全局皆屬於財。財旺防木折。故喜有金泄土而病去。一方面又須有水印生身而轉強。以成中和純粹之局。

（戊寅時）乙木得根於寅。未戊土透於時干。上下左右勢成木土交戰。夏月火土同旺。格局涉於枯燥。必須有水印及金互相調濟。如再多見土木。比財尤形爭奪矣。

（己卯時）卯未半會。日元栽根甚固。時透一己。坐下卯木而被去。六月火漸退氣。身旺亦可稍見火以泄之。藉以流通。水印乃調候之神。勿論身之強弱。總須有一二點也。

（庚辰時）日元得根於未。餘氣於辰。乙木之根已固。時值土旺。辰未財星亦旺。可謂身財兩停矣。時干庚金高透。以坐辰位。官星極清。惟尚須一二點水以濟之。則身財官印。氣協而情和矣。

（辛巳時）巳未氣成南方。日元泄之太過。時干辛金因火勢太旺。金氣有損。因是旺火爍金。兩失其全。所喜水印頻來。則火不炎。金不爍。木得潤而生全矣。

（壬午時）午爲旺火。未乃燥土。火土同來。木甚焦矣。時干一壬高透。得以調濟木之精神。惟此時水氣休囚。要支有亥子。通根得地。否則水不敵火。喜有金以生之。寒暖濕燥。乃得均衡。

（癸未時）日元兩坐未土庫地。乙木根深蒂固。未中兩見丁火。木氣暗泄爲病。時干一癸臨於未土之上。力弱不能生水。須有水來協助。金來發源。去其濁而留其清。則得之矣。

（甲申時）時逢申位。官印暗化有情。甲木透干。日元賴以生扶。六月乙木。土正當旺。時申得以相生。喜有庚透干。官星獨發而清。再見水印同來。官印得以相隨。如見丙丁透一。則官格有破矣。

（乙酉時）兩乙通根於未。日元氣勢充足。時支藏殺而清。身旺假殺爲權。最喜土財來生。此係財滋七殺。如柱中庚辛申酉齊來。方尊火以制之。若制之不能。用印化之可也。

（丙戌時）丙火坐庫於戌。傷財之勢極旺。日元乙木枯傷已極。須有水來調濟。金來發源。方可收既濟之功。既以火旺爲病。金潤爲藥。柱中有水無金。或有金無水。均非完美之象。

(丁亥時) 日元長生於亥。餘氣於未。亥未半會木局。財化爲比。以言身主。可謂旺相極矣。妙在時透一丁。秀氣流行。更有一二點土。可作食神生財取用。身旺當以比刼爲病。財洩爲藥。惟此時火氣未除。勿論身強身弱。水印終喜見之。

乙日申月

(丙子時) 乙誕申提。火退而金正秉令。夏乙忌火。防其木焚。秋乙忌金。防其根損。同是一乙。喜忌則隨時令而變遷也。地支申子會水。官化爲印。日元有印相生。乃是弱而不弱。時干一丙臨於子水之位。殊未能助木之暖氣。勢未純。應有寅卯巳午等字以充實之。

(丁丑時) 申丑中庚辛兩見。乙木無氣。丑土雖可培木。究嫌力微。時干一丁。氣又泄之於土。所忌再來庚辛。摧殘木之精神。總以水火爲切要之神。故喜其屢見爲美也。

(戊寅時) 寅申之冲。旺存衰拔。日元之氣。衰弱極矣。一戊透於時干。財星亦失其眞際。此情形喜有比刼相助。強身爲先。更有火以暖之。氣勢遂歸中和矣。

(己卯時) 乙木生於七月。絕地也。時支卯木。歸祿成格。喜其乙庚暗合。官星清純爲美。時干己財。臨於卯祿之上。土財自雖受戕。財弱喜有火以助之。格取食神生財。

(庚辰時) 乙木餘氣於辰。庚金通根於申。時支辰土又來生申。書云。乙木忌埋根之鐵。蓋所以防秋乙之損傷也。辛申中一點壬水。足以化此頑金。官清本不宜制。但於秋乙逢金之情勢。下有火制之爲美

(辛巳時) 申中庚金得祿。巳中庚金逢生。加之時又透辛。以疊疊當旺之金。制裁此枝葉凋敗之死木。正如摧枯拉朽。還賴巳火制殺之逞。不過日元究嫌微弱。總須有印比相助爲美也。

（壬午時）乙日申提。木之氣勢極弱。時干壬水通於申。望之似可生木。不知秋乙氣弱。水旺木浮。所謂水能生木。水旺亦能病木。此所以滴天髓有木不受水之說也。惟其母旺子虛。故獨喜土以制之。火以暖之。木以成之。三者配合得宜。格局自臻上乘矣。

（癸未時）未時中藏乙木。時干一癸。土潤木生。月提申金官星。又爲壬印所化。金泄於水。水來生身。日元賴印以固。時支未藏食財。身旺適爲我用。喜再有火土。益見暄熾。

（甲申時）乙木坐下兩申。明爲絕地。實則申中有印。格成殺印相生。一甲値時。究以坐下申金。助身之力極微。若柱有寅亥等字。身主自更旺相。再見金透。用火制之可也。

（乙酉時）天干兩乙。地支申酉埋根之鐵。易損休囚之木。妙在月提申金。中藏壬水。殺旺有印。得化。但申酉究屬當令之金。仍喜有火制之。有水化之。

（丙戌時）丙火得庫於戌。火土兩旺。日元乙木之氣。藉以溫暖而舒適。惟柱中旺氣微弱。似難任此傷財。故喜支有寅卯亥未等字。先固其本。否則徒多尅泄。奚有益於我哉。

（丁亥時）乙木長生於亥。身主弱而不弱。申亥兩見壬水。印旺自可生木。不知時値秋令。木氣漸凋。水旺有寒木之嫌。妙得一丁透於時干。略以驅水之寒。暖木之根。大忌金來生水。土財爲去病之神。何妨得地透干。

乙日酉月

（丙子時）八月金正秉令。乙木衰弱已極。時支子水。賴酉金以生。時干一丙。可以除寒增暖。惟木根虛脫。火亦微弱。尚欠精神。秋木以得根爲最要。其次火亦不可少。

（丁丑時）乙木日元。臨於酉提。時支一丑。財星藏而有根。乃以酉丑半會。財星化爲七殺。日元之乙。勢成有尅無生之象。須重見比印。始可轉甦。

（戊寅時）乙木日元。全賴時支寅刼幫身。月酉爲殺，時干爲財。殺有財助。殺勢愈旺。妙在寅中丙火得生。可以暗制殺之肆逞。金殺不能再見。木火重逢方喜。

（己卯時）時卯歸祿入格。月提酉冲格破。時干己土財星虛露。不能培木。因之日元乙木。勢成孤立。要木比之助。水印之生。故先尋寅亥以補之。如水木兩付闕如。更有土金頻來。則當順其勢而從殺矣。

（庚辰時）乙木餘氣於辰。日元根氣極微。月提酉金。遇辰而合。時透庚金。遇乙則化。時維八月。化金正值當令。苟有土金再來助其化神。格取化金無疑。如化金不成。仍以制金洩金之水火兩神爲貴。

（辛巳時）巳酉半會金局。時干辛金又來助殺之旺。日元乙木。孤立勢成。殺重身輕。救之之法。喜有水印以化之。謂殺印相生。如印傷兩缺。再見一派金氣者。格成從殺。

（壬午時）乙木臨酉爲魁地。見午爲泄地。地支魁泄兩見。日元之根枯矣。所喜時干壬水。可以藉印生身。更須有寅卯等字以助之。如徒見水印疊來。又不免母旺子虛矣。

（癸未時）時干癸印生身。日元不以弱言。月提酉殺雖旺。有癸水化之。未丁暗藏制之。自然不來傷身。妙在土金水木一氣呵成。惟以木在秋令。火之食神。愈多見爲愈美。

（甲申時）天干甲乙。臨於酉申之地。金堅木缺之狀。秋木氣值凋零。焉能受旺金之摧殘。喜見丙丁。去此旺金之病。但火金總係魁泄之神。身弱尤須木比水印爲先也。

（乙酉時）日月時乙酉兩見。木坐金地。金堅木缺。須寅亥得根。加強本身之氣。惟金木氣勢未愜。火又不可或缺。有火則兩意情通。乏火則怨起恩中。所以木比與火之食傷。誠秋乙唯一之眞神也。

（丙戌時）乙木日元。誕於八月。其氣休囚已極。時逢丙戌。財賴傷生而氣足。木賴火暖而氣充。月提酉殺雖旺。見火無能爲力。喜干支再見甲乙寅亥以助乙木根。既具丙傷。遂可得用矣。

（丁亥時）乙木日。亥水時。亥中壬印生身。秋木雖弱。印刼得地而轉強。月提酉金七殺。遇亥則金泄於水。殺又化印。

時干丁火。坐下水地。火力嫌微。喜偏火以助之。取其身旺泄秀。

乙日戌月

(丙子時)　九月木性枯槁。不能無水以滋養。月提戌土當旺。藏丁而土勢轉燥。時丙坐於戌。盜泄乙木太過。而時子又被提戌所制。精神全缺。病在於燥。須水來爲之濕潤。

(丁丑時)　日元乙木。坐下戌丑之財。木衰土旺。頗有折之之象。所喜丑中辛癸同來。一個元機。暗中有生木之情。惟辛癸藏而不露。生木之力尙微。苟另有刼比以實之。印透以生之。則我不困於旺財。而旺財被我利用矣。

(戊寅時)　乙木得根於寅。斯名籐蘿繫甲。時干戊土正財。以通根月令而愈旺。謂其身財兩停可矣。惟木土上下交戰。不無相峙之象。而有爭財之勢。丙丁乃調和之神。兼可暖木之氣。柱中急應見之。此外尤喜有一二點水以潤之。

(己卯時)　乙木得祿於卯。己土種根於戌。身雖旺而財星更旺。時値深秋。木土皆燥。必須有水潤澤。金來發水。方免偏枯。況秋木原以水爲眞神。見之自更可貴。

(庚辰時)　乙木餘氣於辰。辰戌一冲。木根盡拔。而七氣轉旺。時干庚官獨透。坐辰而官星益淸。財官雖淸。無如身不能任。急須有刼比爲助。印綬來生。

(辛巳時)　月戌時巳。火土得地。時干辛金得生。火土金三神均旺。獨日元乙木孤立。急宜水木同來。生扶日元之弱。抑其太過而補其不足。象成中和。斯爲美矣。

(壬午時)　午戌會火。乙木之氣盡泄。一點壬水透干。燥木轉爲濕潤。火勢太旺。水木皆弱。旺弱不均。尤宜扶弱抑旺。如再見火土雜出。身印絕無根氣。則當從其火土之勢。而以從財論命矣。

(癸未時)　乙木秋生。枝葉枯萎。無力任當旺之財。時逢癸未。未又燥土。愈覺財多身弱。癸雖生氣，因坐於未。生木之力極微。必須柱中再有金水。則旺土得金而威氣泄。弱木得水而生意足矣。

甲申時）甲乙兩見天干。地支坐下戌申。財官旺而身弱。妙在申中一壬。乙木絕處逢生。喜再木比相助。扶持精壯。否則雖有叠叠之土金財官終恐難爲我用耳。

（乙酉時）九秋土旺金相。乙日再遇酉時酉戌同位西方。財殺甚旺。乙木太柔。時上比肩。似可幫身。無如自絕於酉。欲助何能爲力。須有陰水暗滋。或寅卯以通兩乙之根。土與金皆大忌也。

（丙戌時）乙木支臨兩戌。時干一丙高透。木性枯燥已極。喜有水透制火潤木。方全既濟之象。木弱本可賴印相生。木太弱。更不可乏比爲助。如比印兩無。再見旺火結黨者。可作從兒格論。

（丁亥時）乙木根種於亥。亥被戌制。然亥中甲木回尅而護印。因之乙木雖弱印生轉旺。時丁坐於亥地。火氣欠足。喜有丙透。可取傷官生財。

乙日亥月

（丙子時）十月乙木。生氣漸展。斯時水勢正旺。氣又嚴寒。重在丙戊兩神。乙日亥提。木臨長生之位。惟亥子氣屬北方。木有寒凍之虞。時干一丙。坐下水地。火力似覺微弱。故喜火土得地。寒木遂得向陽。

（丁丑時）日元乙木。月提亥中壬甲兩旺。木氣得根。惟氣勢太寒。時落丁丑。火又泄之於土。食衰財旺之象。且亥丑金水根深。不無凍木之憂。喜支見戌未燥土以鎮水。干透丙火以暖木。於是木之生機蓬勃。可無窒礙矣

（戊寅時）乙木日元。月亥爲木之生地。時寅乃木之祿地。身主根深。旺不待言。十月乙木獨以見水爲病。亥水藏而不露。且有亥中甲木之泄水。雖旺而無礙於木。妙在寅中丙戊之氣生旺。誠藥重病輕之造也。

（己卯時）日元乙木。得生於亥。坐祿於卯。亥卯半會木局。木之根氣固矣。時干己財。坐下比地。是謂不載。其財等於虛設。喜有火透。兼有得垣之土。名食傷生財。

（庚辰時）乙日亥提。木氣得生轉旺，時逢庚辰。官星氣足。庚金情戀於乙。名爲官來就我。身旺官純。亥辰兩藏壬癸。木之氣勢增寒喜見火來驅寒向陽之木發榮矣

（辛巳時）乙木日元亥提藏壬。水木相生。又巳火暖木。不知巳亥一冲。水金木火皆受傷。書云旺地喜冲。生地忌冲。因冲而日元由旺轉弱。喜支見寅卯合亥。當可忘冲於巳。然後巳乃可用

（壬午時）乙木日元。月提坐亥。時干透壬。身印可謂兩旺。冬木偏忌水印透干。蓋寒冬木氣收斂。水旺唯恐木浮，其時支午火足以除水之寒。暖木之氣。惟水盛火弱。還宜他火以補之。或有土以制水

（癸未時）乙木日元。亥未有拱木之情。木之氣勢轉旺。未中一點丁火。濕木有功。所謂吉神深藏是也。時干透出癸水印綬。喜其坐下未土。忌神力弱。不致凍木。若有火土食財重來。益見美妙矣

（甲申時）甲乙兩透干頭。歸根於月提之亥。日元通根氣壯。時申藏壬。亥中又藏壬。復有申金之生。水勢之旺與透干無異。冬木見此旺水。必須有土之制。火以暖之。則木之生機方可轉見生動

（乙酉時）乙日亥提。劫印兩全。日元氣象中和。時支酉金七殺。雖屬通根。而其情則歸之於亥。旺水有金相助。自然氣勢益充。惟時屆冬令。水寒木凍。須有帶火之土。則忌神去而木自繁榮矣

（丙戌時）乙日亥提。木氣根重。斯時水正乘時得勢。有增木寒。喜其時逢丙戌。戌乃燥土。可以制水之病。丙乃陽火。足以暖木之氣。書云。冬木以生爲泄。而以泄爲生。今於此造。可見一斑

（丁亥時）乙木日元。月時兩逢亥生。身主得地通根。亥中兩壬得祿。水旺成冲奔之勢。時干一丁。坐下亥水之地。火力微弱可知。急須支有乾燥之土。去水之病。干透重疊之火。暖木之氣。如再見壬癸透干。水泛木浮矣

乙日子月

（丙子時）仲冬嚴寒凜冽。乙木枝葉皆悴。非有陽和解凍。木無生氣。乙日子提。坐下水印。時支又見子水。生而反尅

之象。時干丙火。陽氣虛微。不足以除寒。身弱獨喜寅卯等字。火土亦爲喜見之神。

（丁丑時） 乙誕于月木根盡濕。時丁坐丑。火氣盡泄。子丑氣乘北方旺水有凍木之憂。以時上一丁之餘。而欲解嚴寒之凍。力有未逮。與喜甲透天干以引丁。其用等於丙火。更有亢燥之土以制水。則去病殆盡矣。

（戊寅時） 日元乙木通根於時支之寅。蓋寅中丙戊得生氣勢極旺。時干戊財足以收提防之功。所喜月提子水。藏而不透。無損木之精神。如能加以木比火傷。木更向榮欣欣矣。

（己卯時） 日元乙木得祿於時支之卯。格成歸祿。子卯雖刑。動而不動。仍可全其水木之氣。時干一己。以坐下卯地而力薄。喜有火之食傷。雖重重不厭其多。冬乙以丙爲眞神。正如赤子慈母之不可或離也。

（庚辰時） 仲冬乙木。月子時辰。會成半水之局。時干庚金。雖有辰土之生。終亦助水之旺。水印獨多。母旺子衰。過於清寒。喜有土以制水。火以暖木。

（辛巳時） 乙誕子月。木性寒而且濕。時支坐下巳火。可以驅寒轉暖。時干辛殺。以臨巳火之位，不能傷我日元。冬水反生爲尅。故不欲水盛。非僅漂木。抑且去火之餘。則木不能賴火以發榮矣。

（壬午時） 冬月乙木。氣寒而冽。月提子水。時支午火。子午一冲。則水愈旺而火愈弱。書云。衰者冲旺旺者發。旺者冲衰衰者拔。今子旺午衰。午火被拔。時透一壬。水勢益增。乙木更形漂蕩矣。大喜厚土旺火。精神方可發越。

（癸未時） 乙日子提。癸水透於時干。似有寒木之意。不知癸水坐下未土。適得制水之功。未中暗藏丁火。木氣得以溫暖。惟以丁藏力弱。須有甲木引丁之餘。方妙。金乃助水之神。固無裨於冬木也。

（甲申時） 日時甲乙並列。虛露不得根底。月子時申。會成半水之局。印綬結合。似有益於木。不知仲冬木氣畏寒。水旺足以損木。再見透干之水。尤不能無厚土制之。木寒。喜神在火。有一丙透。木性遂臻陽和矣。

（乙酉時） 兩乙並露干頭。月子時酉。金生水旺而復有金生。有根之木。尚患寒凍。況木虛而不載於地乎。然則須有土以培木去水。更喜有火溫暖。多火則木自向榮。

（丙戌時）日元乙木。誕於仲冬時節。木氣盤屈於地。其象頗不舒展。時干丙火高透。通根於戌。傷財兩全。其眞惟日元孤虛。必須有刼比之扶助。始臻完備。如畫龍雖好。尙有賴於點睛也。

（丁亥時）乙木日元。時支坐下長生。本身得地有根。亥子皆屬北方。經此旺水浸淫。寒木反生爲尅。時干一丁坐於水地。星星之火。力嫌太微。所喜重火以暄之。厚土以實之。則無情轉爲有情矣。

乙日丑月

（丙子時）季冬乙木。水寒而土濕。木之生氣愈微。火土兩神。一如仲冬乙木之不可或少。月提之子。寒水也。時支之丑。濕土也。皆足以病木精神。時干丙火無氣。焉能暖木。身弱病重可知。須有戊丙得地。寅卯坐支。斯病斯藥。乃爲貴矣。

（丁丑時）乙木日元。月時丙坐丑位。丑中辛癸相生。有金寒水冷之象。冬木氣息奄奄。生機窒礙。時干丁火。見丑則泄。須有甲寅等字。方可恢復火之光輝。如土財重重。水病雖去。折木又豈能免耶。

（戊寅時）乙木日元。時下坐寅。籐蘿繫甲。木氣根深。妙在寅中藏丙。斯名寒谷回春。更見戊財透干。減少木寒。旣喜神生旺。病神自然盡去。再多見火土。奚啻花添錦上。

（己卯時）乙木得祿於卯。名曰歸祿。逢時己土。通根於丑。財星得地有氣。誠身財兩停之造也。但木土氣勢未愜。頗有爭財之嫌。要有火之食傷透干得地。豈僅構通比財之氣。木亦得暖而榮矣。

（庚辰時）乙木日元。坐下辰丑濕土。財旺身弱可知。時透庚金。財旺自可生官。惟乙木虛弱無氣。乙妹又娶於庚。遂成金堅木缺之象。理宜刼比得地。所以固木根。次有火來調候。兼以制殺。大用於是乎成。

（辛巳時）乙木日元。時干辛金。月丑生辛。殺重身輕。幸有時支巳火制殺爲美。書云殺有傷制。殺化爲權。惟總以身弱爲病。喜再刼比爲助。若餘柱有火。自屬喜見。但忌水來傷火。

(壬午時)　乙日丑提。旺水之氣猶未衰。冬水以生為尅。非似夏木佩印為貴。壬印透干。有損木之虞。時午被丑土泄氣。燈火照暖力微。最喜甲丙同來。或火土重逢。

(癸未時)　月時丑未互冲。未中乙丁皆傷。癸水通根於丑。冬木以印為忌。盡水多則木必受凍。木凍則生機盡滅。故喜厚土以制水。本身太弱。更不可無帶火之木為助。

(甲申時)　甲乙兩排。其根不載於地。月時丑申。金水得氣歸垣。以休囚之木見此寒金冷水。得毋成為忘形。所喜干有丙戊。支有寅巳等字。挽狂瀾於既倒。則木之元氣充實矣。枝葉向榮矣。

(乙酉時)　酉丑半會金局。促成兩乙之截脚。金剛木缺。由此可見冬月之金本非當令。為其轉輾生水。故有金多不能尅木之說也。此造日元太衰。原不堪金之摧殘。火乃調候之眞神。制金護身之寶筏。允宜重重見之。至於木之劫比。亦以多助為美。

(丙戌時)　乙日丑月。木之根氣虛脫。時落丙戌。財賴傷助更旺。冬月乙木。原不以劫比幫身為重。尤以旺火調候為先。身弱有火。便可轉弱為強。但此造總喜寅卯坐支。方見精彩。

(丁亥時)　亥為木之長生。日元弱而不弱。亥丑均含水氣。時干一點丁火。力微無補於暖。是乙木寒濕有餘。喜厚土以去水之病。帶火之木以固身之本。再見一派水木。雖多奚益哉。

丙日寅月

(戊子時)　丙日誕於正月。火挾木氣以俱來。月提寅木長生。火賴寅生。其氣益旺。時干戊土高透。通根寅提。明尅實係暗生。時子深藏。潤木有功。身印與食。無一不旺。壬透當去食而就殺。乏壬則當以土食為用。

(己丑時)　丙日寅提。木火兩旺。時逢己丑。傷官亦旺。己丑皆屬濕土。有損丙火之光。有虧陽威之德。乃以土為病。宜有木以去土。火以幫身。略見金不妨。

（庚寅時）丙火兩坐寅木長生日元之根愈固。一點庚金臨絕。財星虛露無根。身旺財弱可知。財弱喜有土金生助。均停則財為我用。若有壬水高透。是名水輔陽光不同凡響。

（辛卯時）寅卯氣令東方。丙賴木生而愈旺。時透一辛牽絆丙火。喜有丁火制辛。以全其身。木火稍旺。究嫌於燥。急宜金水相濟。財殺為用。一見土來塞水更須甲木去土為貴。

（壬辰時）丙火長生於寅壬水坐庫於辰而辰寅有拱木之情身更旺於壬殺。我身正可任之。惟水氣休囚。獨忌土之食傷。有土則壬水失清丙火失威。如見金相助。化其病而輔其用。洵天和地潤之佳造也。

（癸巳時）丙火日元長生於寅得祿於時支之巳。身印兩皆健朗。寅巳中戊土食神。亦頗有氣。可以稍泄旺火。惟時干癸水。坐下巳地。弱水幾被熬乾。喜有金水和潤之。

（甲午時）初春丙火。母旺子相。月時寅午半火。時干甲印相生。身旺可知。氣勢嫌燥。必須有金財水殺調和乃佳。否則坎離失濟而孤陽失輔矣。

（乙未時）丙日寅提。木火兩旺。時逢乙木。身旺復有印生。日元陽壯極矣。值茲三陽開泰。氣回大地。木火太旺。喜有水以潤澤為美。惟此時水正涸竭。少見難為我用。故又須庚辛相生。源遠流長。

（丙申時）丙乃純陽之火。其勢猛烈。月提寅木為印旺。時干丙火為比壯。印比通氣。得地生氣蓬勃。乃以時逢申金。寅申相冲。不但寅中甲丙皆傷。而申中庚壬亦損。木火金水。皆失其用。喜有亥卯等字。合去寅木。以全申金。庶乎水火兩得其用。並行不悖。

（丁酉時）初春丙火。其象至威。月提寅木扶身之力至大。時干丁火又幫身。身主可謂強矣。酉金財星。以被旺火所制。難為我用。喜天干壬癸高透。收既濟之功。復有金來輔佐水源。水火之氣愈清矣。

（戊戌時）丙日寅提。身主氣勢充沛。時落戊戌。厚土有晦丙光。丙乃純陽之精。秉氣至威。一見食傷。其性失之於威。喜有甲來疏土之病。壬來顯丙之節。格局方轉清麗。

(己亥時) 丙火誕於寅月。寅中木火皆旺。日元剛健可知。時逢己亥。木氣得潤。火之氣勢轉清。惟時上一點己土晦丙。喜有木來疏之。用神仍以亥中壬水取貴。

丙日卯月

(戊子時) 二月丙火。陽氣舒升。火力愈充。月提卯印幫身。時支一點子水。原可潤氣。乃以干臨戊土。水為尅制。兼以晦丙之光。急宜盡力以去戊。唯喜木來疏之。身印兩旺。又喜壬殺庚財。見於干支。

(己丑時) 丙日卯提。火賴木生而氣壯。丙乃純陽之火。其性獨騰上而無所止。非似丁火之旺而不烈。時逢己丑。有晦丙火之光。而丑中辛癸屬陰。又不能盡丙之用。病在傷官太旺。理喜金以泄土。又見水而全丙之性。

(庚寅時) 寅中丙火。助身之旺。月時寅卯。氣全東方。印比沆瀣一氣。木火之情深矣。時干庚金。坐下寅卯絕地。財星之力不足。身旺財弱。理宜見財以實之。更喜水殺以敵之。財殺兩全。格自美妙。

(辛卯時) 日元丙火。月時坐下兩卯。木戀於火。仲春丙火。陽透漸升。最喜水之官殺。調濟木火精神。時干一辛處露。不得根氣。且辛丙有見合之情。丙從辛而反怯。喜有水透。則辛從水勢而不合於丙矣。是水乃救丙之神也。

(壬辰時) 丙日卯提。木從火勢。時逢壬辰。七殺歸庫。丙火以壬水為良友。其情最真摯。壬丙兩旺。身殺勢均。自當以壬制身為用。一見戊己之土。便損水之清麗。

(癸巳時) 丙日巳時。格取歸祿。月提卯印。生身益旺。時干癸水。坐下巳火之位。水其熬乾。陽氣壯盛。未得坎離既濟。急須有得地之金水以和之。則木不燥而火亦可以顯揚矣。

(甲午時) 丙火坐刃於午。甲木坐旺於卯。印比相互交輝。其氣旺相已極。惟木火結黨。氣勢有嫌偏枯。若非從旺格局。最喜水來調濟。書云。木火印綬。獨喜見水。蓋亦為調候而言也。如柱中水力微弱。更喜有金以發水源。

(乙未時) 月卯時未。卯未會局而成印。時干乙木。又復坐下未庫。有木多火塞。母旺子虛之象。自喜金財以去印。水之官殺。爲春丙調候眞神。亦以先覩爲快。

（丙申時）天干兩丙月提一卯。木火之氣壯矣。妙在申金時支。庚壬得地而清。足以調和木火之氣勢。惟中有丙火蓋頭。不免大醇小疵。最喜壬水透干。格乃清潤。

（丁酉時）日元丙火時干丁火同類相助。聲氣相應。月提乙木正印。原亦火之嫡母。自有愛子之情。乃時支酉金。見卯則冲。似有去印之可能。殊不知時丁制酉。財不足以破印。身主仍有根。喜金再透干以財爲用

（戊戌時）丙日卯月木火兩旺。時落戊戌。土氣更強。雖曰木火土一氣相生。干支之情不背。但嫌火旺土燥。柱有金水之神。始臻調劑之功。水尤春火要神。須臾不可或離也。

（己亥時）日元丙火。月時亥卯半會。殺化爲印。春丙有會局之木。火勢益見炎炎。時干己土。雖有晦丙火。而坐下木地。土財難存。全要支水之潤。五行始歸中和。如再有金。以財旺生殺取貴

丙日辰月

（戊子時）三月丙火土正秉令。有晦火泄身之咎。月時子辰一會。化食爲官。時干戊又透出。更使日主失神。以土爲病。喜甲透干制之。見木則病去矣。取印制食爲用。

（己丑時）一丙三土。火之菁英泄盡。書云。春火爲相。土衆生慈。所謂生慈者。是失去其陽剛之性也。此既土勢結黨。如再見戊己或四庫之地。而絕無印比生扶。當順其旺土。作從兒格論命。否則仍喜木火幫身

（庚寅時）丙火坐生於時支之寅。兼有寅中甲印相生。日元可謂生旺矣。月令辰土當旺。時干庚財得土之生而亦健。祇辰中一點癸水。坎離之氣未和。喜有水透干。益臻美滿。

（辛卯時）丙辛若化水則以辛爲喜神。丙辛化之不成。則以辛合丙火爲病。時居暮春。土氣秉令。原不能化水。卯辰有拱印之情。故火力並非不足。乃以金水較弱。急須加強財殺之力。則無情轉爲有情矣。

（壬辰時）時壬兩見辰庫。乃水之得地而旺也。土水皆旺於身。病在尅泄交加。土旺固喜木印以制止。水旺更喜木印以化之。木乃旋乾轉坤之神。得之豈不爲美乎。

（癸巳時）丙火坐祿於巳。日元通根爲旺。月提辰土司令。巳中戊土得祿。身旺有泄。格成火土假傷官。時干癸水無根。且又坐巳火之地。被旺火熬乾。書云。火土傷官宜傷盡。今於此造得之。祇喜金財同來。格取傷官生財

（甲午時）丙火坐刃於午。時干甲木生身。月支辰中藏癸水。土濕而泄火之氣。格取食神吐秀。惟三月丙火。尤喜壬水之尅。蓋丙壬氣皆屬陽。丙以壬水爲尊。見癸固不如見壬爲清純。逢金發水亦佳

（乙未時）丙火日元。誕於暮春。時落乙未。爲木印之庫。火之餘氣。本身不以弱言。妙在辰未兼泄丙火之氣。辰中一點癸水。潤澤之力不足。喜有金水同來。五行調濟更宜。

（丙申時）日時丙火兩見。月提時支申辰拱水。而土金相生。財亦不弱。身主氣勢未充。須有木印火比以輔身。再用金水財殺。五行乃得中和。

（丁酉時）丙丁日時兩列。辰酉六合爲金。上下火金戰尅爭財。凡在兩神相峙之情態下。必須有所以構通之者。幸辰酉雖合。辰土暗中泄火。比較金旺火輕。印比幫身之神不可少

（戊戌時）一火三土。火弱土旺。寡不敵衆。三月丙火因土晦火光。必須有木印以去土之病。但或火炎土燥。更非金水濕潤。不爲功也。

（己亥時）日元丙火。見辰爲泄。見亥爲尅。時干一己。傷官之力極旺。或謂亥中甲印。可以生丙。不知亥中之甲爲濕木。焉能生火。仍以干支木火生扶爲當務之急。火多嫌燥。則木更較爲需要也。

丙日巳月

（戊子時）丙火日元。誕於四月。爲建祿之格。時上戊土高透。身旺而食神亦旺。時支一點子水。介於火土之間。亦云

微矣。喜有壬透干。有金相助。則不致孤陽失輔。清光透而自貴矣。

（己丑時）丙日巳提。時逢己丑。火土夾雜。氣勢未清。以土爲病。以木爲藥。有木去土。火乃有威。水印爲夏火調候之眞神。尤宜見於干支。如火土叠叠。而無水以濟。終非上乘之格也。

（庚寅時）丙火得祿於巳。長生於寅。有印而日元愈旺。時干一庚。臨於寅木絕地。見火則金性自鎔。所以過於燥烈。獨喜水來潤澤。書云。身旺最要殺旺。如殺勢不足。尤須賴金財以助之。

（辛卯時）丙臨巳提。建祿成格。時支卯印。見火必生。夏火本旺。見印則氣勢愈強。時干辛金力弱。雖爲我用。木火氣威。總以金水爲前提。否則性不正而情不和矣。

（壬辰時）四月丙火甫炎。氣勢由衰轉旺。月提巳。乃爲建祿之格。妙在時落壬辰。水星歸庫。五行遂得調濟。身旺用殺爲貴。夏火見壬爲更貴。惟此時水値休囚。有金生水。益覺添花錦上矣。

（癸巳時）丙火兩坐巳祿。不惟本身力強。而巳中所藏庚戊。亦皆得勢。時干一點癸水。坐下絕地。大有車薪杯水之感。仍患炎燥。喜土金洩化。或大量水濟。

（甲午時）巳午氣全南方。時甲又來生身。炎炎之勢。炙手可畏。必須有通干得地之水以濟之。蓋夏丙以金水爲眞神。火旺得水。自可免於枯燥。如水力不足。支見辰丑等字。亦可補救於萬一。

（乙未時）日元得祿於巳。乙木盤根於未。巳未中食傷兩見。洩火光輝。幸木火土生之不已。氣勢尙清。惟近枯燥。急宜有透干得地之水以濟之。金財爲助用之神。見之尤妙。

（丙申時）丙火兩見天干。聚氣於月提之巳。身主之強可知。時支坐申。金水同藏。烈火得以稍戢。惟時干丙火蓋頭。金氣不免受傷。如他干不透壬。須支見子。大用於是乎彰。

（丁酉時）三火一金。身強財衰。月巳時酉。半會金局。財乃轉旺。夏火獨取水之官殺爲生。蓋重在調候耳。故喜見水以潤之。金以生之。身殺兩停。始臻完美。

(戊戌時) 丙誕巳月，火勢極旺。時逢戊戌。有晦火之光輝，燥土烈火，生機受障。夏火最忌乾燥，惟此造水雖需要。見水又防土尅，與其以水爲喜，不如以金爲先。於是土生金，而金生水，五行息息相通，方可免於阻節。

(己亥時) 丙火坐祿於巳，日元旺而不弱，時逢亥水。己亥雖冲，總不能去盡日元之根，時干己土，患在塞壬。所喜金水相涵，同透天干，藉收既濟之功。日元稍弱，倘不引爲大咎也。

丙日午月

(戊子時) 丙至午月，陽刃秉令，其氣最旺。時支子水冲午，水弱終被火激。時干戊土，有晦火之嫌。喜有金來泄土之氣，有水賴金之生，金水相涵，始歸情和。

(己丑時) 丙火臨午爲刃，時逢己丑，火氣盡洩於土。他神身旺喜泄。獨丙火忌土所晦，故命書以火土夾雜爲忌也。然則丙之所喜者，水之官殺也。火性至剛，水性至清，宛如日照江湖，有相映生輝之象。水弱而見金以助之，更覺清純可貴矣。

(庚寅時) 日元丙火，逢刃於午，時支坐寅，化印爲刼。夏月火氣秉令，炎威莫當，況再寅午結局乎。時干庚金，虛露無根，喜有支金，亦如火之結黨，金力加強，乃可以財爲用。如見一二點濕土以和之，更佳。

(辛卯時) 丙火見刃於午，時卯情又歸火，日元之氣極旺。時干辛金無根，火金不容，木火相生。如再見木火結黨，則當順其火性，作炎上格論命，反以金水爲忌矣。

(壬辰時) 丙日午月，時逢壬辰，水火兩見，既濟功成，身殺兩停，殺刃勢均。獨忌戊己雜亂，蓋用殺而最畏食傷之制。果爾，須有木來去土存水，仍可全殺刃之用。

(癸巳時) 丙火日元，以月午爲刃，時巳爲祿，本身之旺，無與倫比。時干癸水之官，坐於旺火之地，水已熬乾殆盡。仲夏火勢炎烈，若無水來潤澤，再加木來助火，深恐不戢自焚，所以要金水兩全以調候之。

(甲午時) 丙日午月。陽刃之地。時逢甲午。又來木火。其勢之旺。大有爍石流金之概。一派木火。在此三夏時節。未免偏枯。如再見木火黨衆。勢成專旺。書云暖之至者。反以無寒爲貴。故忌見水。

(乙未時) 乙木盤根於未。印綬得地而旺。午未亦合化傷爲刦。雖係木火土三神。實則勢皆成火。印比兩旺。以枯燥爲病。故喜有旺水以濟之。此時水臨絕地。最易被火熬乾。苟有金來發水之源。則水之精神健朗。可以從容制火矣。

(丙申時) 天干二丙。集旺於月提午火。時值一申。申爲水之長生。火旺得水。旣濟功成。格以陽刃駕殺爲貴。如再有一壬透出。氣勢從見清潤矣。

(丁酉時) 丙火得刃於午。時再透丁。名爲陽刃倒戈。所謂倒戈者。乃言其勢過旺之意也。時支酉金。幾被火鎔。須有濕土泄火。方可保全金之生氣。如地支金全方局。格成火金疊疊。亦貴格也。

(戊戌時) 月午時戌。半會火局。一戊透干。有晦火之光明。形成烈火燥土。夏火不畏水多。獨怕土泄。雖曰火土傷食以傷盡爲喜。此係舊書之誤解。不知火土傷食。須有水以調和其氣。蓋見水有土回制。不與丙火相激。而反收潤土之功也。

(己亥時) 丙火得刃於午。日元氣貫神充。妙在時支一亥。可收濕潤之功。亥中壬水。乃以有甲木之泄。固不逮支有申金。中藏壬水之爲美。兼之一己透干。水清轉濁矣。殺弱唯宜金水相資也。

丙日未月

(戊子時) 丙臨六月。氣勢遂漸銷沉。蓋未土當旺。嫌其有晦火光。時干戊食高透。時支子水。上下被土所困。官星等於虛設。除此情形。喜有木印制土生身。以復丙火之性。救子水之官

(己丑時) 己丑皆屬陰土。而丑中又有辛癸之相生。其性質逈異於高亢之戊。月未性雖乾燥。究亦有晦丙光。以土

爲病。身旺喜有金以泄土格。取傷官生財。身弱喜有木印之生格。取傷官佩印。

(庚寅時) 丙火日元。餘氣於未。長生於寅。氣勢轉強。一點庚金透時。虛露無根。身旺未能用財。須有申酉丑辰等字坐支方可以財爲用。土氣太燥。尤須有水潤澤。

(辛卯時) 卯未會木。化傷爲印。火有木生。身旺可知。時干一辛高透。與丙牽絆。以時値土令。決無化水之理。戊己爲夏火所忌。少見無傷。體用多則有濁水之咎。所謂假神亂眞是也。

(壬辰時) 丙火見辰未食傷泄氣。身輕。但未中乙丁同宮。略可助火。須天干透甲生丙。方爲有力。時壬爲調候之神。是誠可喜。惟以火正退氣。若再多見金水。亦防三伏生寒也。

(癸巳時) 丙火賴巳以生旺。未巳中兩土皆燥。不無泄火之嫌。時癸露而無根。兼有土之覬覦。其水不免枯竭。病在食傷。喜有木印以去土之病。次須有水潤土之燥。用木用水。不可執一。活看爲是。

(甲午時) 丙火通根於未。甲木臨下午火。午未六合。木火成氣。細按之則木火土三神。生生不息也。氣勢雖純。總以燥渴爲病。須有壬殺制刃。書云殺無刃而不顯。刃無殺而不威。蓋即調候之意也。

(乙未時) 丙火兩得餘氣於未。乙木又兩見庫地於未。日元雖患土洩。然有乙木丁火生扶。依然旺相。柱中喜有壬癸之水。潤斯枯燥之木。則木火有相生之情。兼有金來泄土生水。更不偏不倚矣。

(丙申時) 日時兩丙。以未中乙木爲根。時支申金。申中金水相涵。重心在於水殺。以壬爲用。遂成旣濟。如有透干之水。復有庚辛之財。轉成殺重身輕。非有木印化殺不可。

(丁酉時) 丁刼通根於未。丙火有未中乙印之生。旣有印刼。當以有氣論。時支臨酉。以干丁制止。比重財輕。應有申酉辰丑等字。加強財力。使身財兩停。其財乃爲我用矣。或財與身強弱懸殊。是名財星不眞。一見水之官殺。當舍金而從水。

(戊戌時) 三土三火。望之似屬相均。不知時値土旺。火力遠遜。以土爲病。急欲透甲醫之。此乃傷官佩印。如不見木印。重來土金之神。又當以火土從兒格論命。

(己亥時)　亥未半會木局。七殺化為印綬。以亥藏壬。濕木未能生丙。僅以未中乙丁為根。時干己土通於未。有泄衰丙之氣。六月丙火退氣。除水旺生寒。喜土驅水外。總以重土透干為病。救之之法。身旺以金泄之。身弱用印制之。

丙日申月

(戊子時)　丙火生於七月。病地也。氣勢遂漸消散。地支申子會水。時戊露干而虛。支水干火。未濟之象。喜有寅巳等字。丙火之根始固。金水雖係秋火眞神。亦須視得用與否。如身主未固。見殺焉得不病。此命書所以有丙臨申位。忌見陽水之說也。

(己丑時)　月申金水同宮。時丑辛金得庫。時巳通根於丑。土濕成泥。身主受魁泄太過。以日近西山之丙火。急須有得地之木印。與夫通根之火比。相互輔助。方許健朗。乃有精神。

(庚寅時)　月申見寅則沖。斯時金旺木衰。有沖木拔。時庚坐祿於申。財重身輕之象。須有得地巳火。合去申金。印根乃可保留。財旺獨喜比刼為助。是名一神一用。

(辛卯時)　卯申暗合。情勢趨財。丙辛亦合。不免過於有情。如申酉亥子同來。天干又透壬癸。應以化水格論之。否則大喜木火生扶。以金水為病。

(壬辰時)　申辰拱水。時干又透壬水。殺重身輕之象。丙火本忌食傷之泄。在此水旺火熄之際。惟恐其土之不來。然則以殺為病。以食傷為藥也。但如本身太弱。木火印比。尤重於食傷之土也

(癸巳時)　丙火得祿於巳。時申提透癸。則官亦旺。身旺官透。自可用官。巳祿合之於申。丙火之氣不專。巳申雖不化水火力不無所損。滴天髓云。何事裙釵恣意留。此語卽指巳申之無情相合。倘須有木火輔助我身為是。

(甲午時)　丙火坐刃於午。時干甲印為助。秋火雖屬失令。黨衆亦以旺言。月提申金。如有壬透。財化為殺。自當用殺

而含財誠殺刃雙輝之造也。

（乙未時）乙木印綬。坐庫於未。日元之氣轉旺。月提申金藏壬。見未而氣勢轉濁。最喜干透金水。身旺當先用殺。如庚辛多見。或食傷同來。則可棄水而用土金之神。

（丙申時）七月丙火太陽轉西。兩丙臨申位。財旺而日元氣淺。申中金水同旺。財殺方興。衰火隕滅之咎何辭。惟有藉劫比之助。印綬之資。否則勢成一髮千鈞矣。

（丁酉時）天干丙丁兩排。地支申酉皆金。財臨比劫。不無爭奪之意。殊不知時值秋令。金旺火衰。得地秉令之金，反能制休囚虛浮之火。此卽火能制金。金旺亦能制火。五行顛倒之原理。自仍倚靠木印火比也。

（戊戌時）丙火坐庫於戌。有暮光返照之象。月提申金。財星秉令。時逢戊戌。食神得氣。土來生金。重心全在於金。以一點衰弱之丙火。安能任此食財。必須木印火比相互助身。書云火見火以光輝。繼疊見而必利。

（己亥時）亥中壬水得祿。申中壬水得生。兩壬藏於月時。兼有申中庚金之生。誠可謂秋水通源。亥中甲木印綬。以濕甲而不能生丙。身主太弱。總喜有劫印為助也。

丙日酉月

（戊子時）丙火至酉。死地也。日近黃昏。餘光存於江湖。酉子金旺生水。官星之力極強。時干一戊高透。虛露無根。既不能制水之旺。亦以晦火為病。須要通根寅巳午支。本身既健。乃用官可也。

（己丑時）酉丑半會金局。己土透干得地。月時土金集中。財旺身弱可知。柱中再見金財透干。而支成方局。可作當令之從財格論。所謂從財者。要本身絕無援助。一見印比。從財格破。而仍喜木火幫身。

（庚寅時）日元丙火長生於時支之寅。書云得三比肩。不如坐一長生。緣寅中印比同旺耳。時干庚金得旺於月提。財星氣通門戶。身若較弱。則以財旺為病。身旺仍不妨用財。既以財星為用。無比劫無須水之官殺。蓋官殺泄財也。

（辛卯時）月時卯酉一冲。財印兩傷。日元丙火。頓成孤立。且也辛丙一合。明為財來就我。實則牽絆身主。滴天髓云。局中顯奮發之機者。神舒意暢。象內多沈埋之氣者。心鬱志灰。欲救卯木非水而何。欲其身之轉旺。更非火助不可。

（壬辰時）丙火日元孤立。辰酉六合。壬丙雖屬雙清。身主氣勢究輕。秋丙性息體休。木生方有復明之象。火來始得輝煌之光。既以壬殺勢重。木印化之更佳。

（癸巳時）日元歸祿於巳。而巳酉半會。比化為財。此係無情之會。轉使身不任財。時干癸水。根通酉提。其力亦強。唯喜比刼扶身。印綬生身。財官方為我用。

（甲午時）丙火坐刃於時。干透甲印生身。日元健朗可知。月提酉金。被午所制。是金不敵火也。柱中喜有壬水高透。殺刃自然雙清。如以壬殺為用。戊己大忌雜亂。有一於此。格轉濁矣。

（乙未時）乙木歸庫於未。生身有功。未中一點丁火。賴印而勢轉為旺。月提酉財秉令。兼有未土之生。我身可以任財。如柱中金財多見。反來損傷木印。所謂貪財壞印是也。總要身財兩停方佳。

（丙申時）申酉皆金。兩丙成為截脚。金旺火弱明矣。書云。金旺則有傷火勢。又曰。丙臨申位。最喜月干透印。是以秋火先要生旺。方可任用財殺。否則金水雖清。抑有何益於我哉。

（丁酉時）天干丙丁同來。地支兩酉分列。有火金相峙。金堅火熄之象。柱中財旺身弱。當先刼比為助。木印須防金制。宜各立門戶。兩不相礙為佳。如再來疊疊之金。可以舍身而從財矣。

（戊戌時）時逢戊戌。食神之氣極旺。酉戌氣歸西方。金財之力亦強。日元丙火。雖逢時支戌庫。土重晦火。抑而難伸。惟有用木疏之。印來助身。光輝自復。或火比相助。亦為功。

（己亥時）月提酉金為財。亥中壬水為殺。旺金生水。財泄殺旺。亥甲以有壬水之浸濕。斷難生身。主之丙。須有透干之甲丙復見得地之寅巳。始可轉弱為強。

丙日戌月

（戊子時）丙誕九月。墓庫之地。雖有餘暉。氣極微弱。月戊透於時干。不無晦火之光。時支一點子水。被土上下交爭。制之殆盡。甲木為疏土之神。助身唯印是利。得之自然病除矣。

（己丑時）丙火坐庫於戌。時上干支己丑根深。一火三土。身主泄弱。丑中辛癸同宮。又寒丙火之氣。救濟之道。當以甲木為先決問題。庚辛為次焉者也。因身弱見印。則土去而身強。身弱見金。土雖泄而身仍不能任財也。

（庚寅時）時落一寅。丙火身印兩旺。寅戌又會拱有情。時干庚金。坐下寅地。而月令之戌。燥土又難生金。是庚金實無根之虛財耳。柱中宜有得地之金以助之。且干支似乎太燥。喜有水來潤澤。

（辛卯時）卯戌六合。木從火勢。日元丙火。賴以身旺。時干辛金。不得根氣。且因跡近乾燥。此財等於無用。身旺土藏。無須木印再來。所喜者。金水再見。用在財官。

（壬辰時）辰戌互冲。秉令之土益旺。戌中丁火。與夫辰中癸水。因相制而損傷。戌丁為日元之根。冲則根拔。辰為時干壬水之庫。冲則水亦虛脫。身弱宜木火以資之。方可用水。否則用神無所適從矣。

（癸巳時）日元歸祿於巳。兼之月提火庫於戌。身主極旺。時干癸水。坐下火土。弱水安得存在。柱中火土燥裂。失之於枯。所喜金水財官。結伴同來。則以中和取貴矣。

（甲午時）丙火坐刃於午。午戌半會火局。加以時干甲印生身。木火氣結。身旺極矣。木火之氣嫌燥。先喜水調濟。有水還須有金。水乃源遠流長。

（乙未時）日元得庫於戌。乙印坐庫於未。身印均得地。戌未土星。泄丙火之氣。柱中木火土生生不已。惟以火土皆燥。須有水金調和為美。故深秋丙火。身弱用印。身旺用殺。雖非定論。大略如是。

（丙申時）丙誕戌月爲庫地。時透一丙。日元弱而不弱。妙在時支坐下申金。明似丙來制申。實則申內庚金生壬。轉輔丙火之光。書云。吉神暴其深藏。可作爭奪之風。洵非虛語。故以壬水爲用。

（丁酉時）丙丁氣聚於戌。日元不弱。時支酉金。有火旺金衰之象。非有濕土之生。庚辛之助。終難全財之用。如柱見土金同來。格取食神生財。有水透干。取財生官。視其配合。定其取用。

（戊戌時）丙火兩坐戌庫。日元有根。時干透戊。丙被土晦。柱中厚土疊疊。丙轉弱矣。書云。混殺貴乎取清。遇傷在於佩印。此語甚是。故宜以甲印先覩爲快。甲來而有水相助。喜用兩全矣。

（己亥時）丙火聚氣於月支之戌。兼有亥中甲印之生。弱轉爲旺。亥中壬水得祿。可以潤土之燥。清丙之氣。惟月提戌土制水。須支見申酉等字。打通土水之氣。格乃清純無疵。

丙日亥月

（戊子時）十月丙火。太陽失令。月爲亥水。火之絕地也。亥中甲印被壬所濕。絕難生丙。而亥子氣全北方。水旺自然火弱。時干一戊。既成濕土。且虛露無根。不足以去水之病。喜甲乙高透。或支有寅卯。化殺生身。則得之矣。

（己丑時）丙火氣衰而弱。亥中藏甲。難生日元。可謂虛矣。時逢己丑傷官極旺。丑中辛癸相生。益添亥力。水旺土濕。尅泄交加。非有寅巳卯午等字。見於地支。殊不足以化干戈爲玉帛也。

（庚寅時）丙火長生於寅。印比兩皆生扶。月提亥水。遇寅而合。印綬益見生旺。時干庚金。虛露無印。須有得地之金。方可用財。如不見支金。須藉土以生之。亦爲財星有根。

（辛卯時）亥卯半會木局。印綬生身而旺。書云。火有木生。則有復明之慶。惟初冬水勢當旺。須支有戌未之土。水去木自不濕。以之生火。則火力倍增矣。時上辛財浮露。亦喜有土生之。或庚辛助之。其財乃得歸眞。

（壬辰時）壬水坐庫於辰。又復得祿於亥。冬水勢成冲奔。沛然莫之能禦。日元一丙。孤立自難免於隕滅之患。然則殺重身輕明矣。去病之法。獨喜木來印化。書云。衆殺猖狂。一仁可化。一仁即指印而言也。

（癸巳時） 丙火坐祿於巳。似乎有根。不知月時巳亥一冲。水火兩傷。書云。旺者冲衰衰者拔。是巳火冲而去之也。時干癸水。官星雖清。無如身弱何。所喜火比生助。木印齊來。首要固日元之本。

（甲午時） 冬月丙火氣勢轉衰。木火生助最爲重要。日元通刃於午。甲印生火有情。月令亥殺當旺。制刃恰到好處。惟亥被甲泄。殺勢欠清。須有一壬透干。刃殺雙輝而更美妙

（乙未時） 乙印盤根於未。亥未半會木局。母旺子衰之象。惟十月丙火。如乏比劫多助。全賴印綬之生。印乃眞神。固無所謂母旺與否也。總之身旺喜水殺之制。印旺喜金財之裁。財官之取用。以身旺印旺爲區別。

（丙申時） 兩丙露干。月提藏甲不生。亥中金水同情。財旺不逮殺旺。初冬水令。丙火根淺。須有帶火之印綬化殺。如寅卯等字。則殺生印而印生身。合局氣勢一貫矣

（丁酉時） 時支酉金。旣被丁火之尅。又來亥水之泄。財星不眞。丙丁全恃亥中甲印之生。甲被亥中壬水所濕。生火之力極微。旣水旺火衰。木印誠不可缺。否則重用丙丁得地。亦佳。

（戊戌時） 時逢戊戌。土力極旺。日元雖得庫於戌。冬火之氣不足。月提亥水。雖屬秉令。見此戊戌重土。亦將不勝。故以土晦丙光爲病。去病之神。惟木印耳。

（己亥時） 丙壬兩甲。藏於月時兩亥之中。水有木泄。殺印相生。日元丙火臨於亥水絕地。可謂弱矣。時干己土。旣成濕泥。又不能制去旺水。須有透干之甲通根之火扶之。乃得其宜。

丙日子月

（戊子時） 仲冬丙火。一陽潛生。火力勢甚微弱。月時兩坐子位。有蹋丙火之氣。時干戊土。有晦丙火之光。身主孤立無助。宜以木印泄水生火。兼有巳午等字爲佳。

（己丑時）子丑氣歸北方。兼有丑中辛癸之助。時干己土。幾以水旺而成爲濕泥。日主丙火。孱弱極矣。一點陽威。泄之殆盡。書云。冬火欲生不欲殺。殺則歇滅。然則欲其恢復通明之象。非木印重見。或火比得地不可。

（庚寅時）丙火長生於寅。寅中印比兩生。冬月火勢絕滅。有一寅助。氣轉生旺。月提子水。雖寒。藏支原無大礙。時庚雖能生水。辛坐下寅木絕地。生而不生。如干透壬癸等字。用土制之。格成食傷制殺。

（辛卯時）丙火日元。誕於寒冬。體絕忘形。月時子卯一刑。似乎卯印不能生身。但滴天髓云。柱神祇以冲爲重。刑與穿令動不動。尚無大礙。可以明矣。時干辛金成凍。且惡其無情合丙。除非化水。否則須多火來比助。

（壬辰時）子辰半會水局。時干再透壬水。其勢已成氾濫。日元丙火。孤立無依。冬火不見印比生扶。如頻見水金同來者。可作從殺論。一見木火得地。從格破矣。仍喜生扶。

（癸巳時）丙火得祿於巳。癸水坐祿於子。身與官。交互得祿。惟此時水當令而火退氣。苟有木印以助身之旺。構通水火坎離之氣。再見金財生官。則成點睛之畫龍矣。

（甲午時）丙火見午爲刃。冬火見刃爲美。時干一甲。又來幫身。身主得氣。惟月令子水乘旺。見午則冲。旺者冲衰。衰者難存。書云。敗地逢冲仔細推。敗地。指子午卯酉也。着重仔細兩字。今以羊刃被損。日元旺又轉弱。仍喜有得地木火以補救之。否則須有戊未制水。以解子午之冲。

（乙未時）時逢乙未。印綬歸庫。未中一點丁火。又來生助丙火。仲冬一陽復生。丙乃弱轉爲強。祇要印比得地。更不爲弱。月提子水。遇未而被傷。未可引以爲用。須有金水透干。方取財生官殺。

（丙申時）天干兩丙並列。地支子申會水。天干不載於地。而地支反來剋丙。上下無情。大凡水火交戰。最喜有通關之神。而弱火更不可少木印以助之。由是火水之氣和。而弱極之身得生矣。

（丁酉時）丙丁列干。刼比本屬同氣。酉子坐支。金水情誼相投。火虛水實。乃[illegible]官旺身輕。值茲嚴冬之際。水勢正旺。故忌水再透干肆逞。須要丙火得地。兼有木印爲助。然後再用官殺。凡論一造。衰旺之[illegible]機。總不可不顧及也

(戊戌時) 丙火坐庫於戌。身主尚云有根。時上戊戌。食重可作傷看。且其病在晦火。月令子水。官星已被土之包圍。無存在可能。土重洩身。喜有劫比補充之。重木以去重土。方收有病得藥之效。

(己亥時) 亥子氣全北方秉令之水。成方而愈旺。日元丙火。全恃亥中甲印。乃以帶水之木。究未能發丙之燄。是水火未濟之象也。身弱以幫身爲先。故支見寅巳卯午等爲宜。如重見金水同來。則當順其嵬崙之勢而從殺

丙日丑月

(戊子時) 季冬丙火。氣進二陽。較初冬仲冬爲有力。月時子丑六合。時干戊土高透。食傷並見。火氣盡泄於土。若無通根巳午之火。斷難冀其生旺。既以土爲病。木印乃療病之神。毫無疑義。

(己丑時) 時逢己丑傷官並見。丑中癸辛同宮。氣亦生旺。土金水相生有情。獨棄日元丙火於孤立。是不應旺者而旺。失之於偏。應旺而不旺。失之於昌。救其弊惟有木印火比兩神以調和。

(庚寅時) 丙火長生於寅。月丑土來生金。身旺而財星亦旺。書云。身旺見財。其財得爲我用。身弱逢財。其財反來尅身。更妙時干庚金。賴寅中丙火以暖之。如天干有水透出。則當舍財而從官殺。

(辛卯時) 丙日丑提。火泄於土。時逢辛卯。金來尅木。比印皆損。日元羸弱。如能支見木印。火比。則以食傷生財爲用。否則總以幫身爲宜也。

(壬辰時) 月提丑土。時支辰土。望之似土旺。不知辰係水之庫地。丑中辛癸相生。水有金生。加之一壬透於時干。日元丙火。幾被水制殆盡。如干支再來金水。助其旺勢。惟有作從殺論。

(癸巳時) 丙火歸祿於巳。日元通根有氣。巳中庚金。以有丙火之制。其財不全。丑中癸水透干。官星獨發而清。身旺用官宜矣。用在官星。忌有壬殺來混。獨喜庚辛之生。一見戊己雜出。謂之破格。

(甲午時) 丙見午火。羊刃之位。一甲透時。幫身爲旺。月提丑土傷官。身旺泄之有情。書云。身旺者宜尅宜泄。惟用在

洩神。不應再見水之尅神。用在尅神。自不應再見洩神。尅洩不能並用。擇一可耳。

（乙未時）月丑時未雜氣互冲。未中乙丁因冲而丙火根去。徒留時干乙印生身力量微弱。而丑未兩土得時當令。更損丙火之氣。宜有木印佩之。劫比助之。身主始得健朗。

（丙申時）兩丙虛透干頭。申財有丑之生。金旺火弱。日元根淺。急宜注意者。要先固其本。既病身弱。當進參燕補之。參燕者。木火也。

（丁酉時）丙丁虛露無根。丑酉會金而得地。身弱財旺。顯而易見。深冬土旺。金亦隨土而張。非似仲冬水旺洩金可比。日元過弱。無須土之通關。祇要有通根之劫比為助。木印為生。斯可矣。水乃去火之神。身弱尤忌見之

（戊戌時）一火三土。日元之英華洩盡。傷食叠見。身弱不言而喻。戌中一點丁火。又被丑中癸水暗傷。丙巳孤立。土已成象。非有木印為助。安能解圍。如再見戊己丑辰等字。格局變成從兒

（己亥時）月提丑土。透於時干。傷官極旺。亥丑中壬癸同臨。官殺相混。土水夾雜。氣勢濁而不清。日元丙火。經此尅洩。又安望其地位鞏固耶。妙在亥中藏甲。印綬逢生。聊可補身弱於萬一。所喜重見火比。更透木印。我得從容而勝任尅洩矣。

丁日寅月

（庚子時）丁火柔中。內性昭融。誕於春初。木旺火相。丁火不旺自旺。時庚雖可劈甲。乃以坐下子水。庚金之氣被洩。須有申酉藏支。方可財以破印。

辛丑時）丁誕寅月。木旺火相。日元生旺。時逢辛丑。財星得庫。辛財雖亦可用。不如庚金為佳。緣劈甲必以陽金為宜。辛較不逮。但時丑為生財之神。得力亦深

（壬寅時）月時兩逢寅木長生。木火之氣極旺。印比通根。丁力自強。時干一點壬水。與丁適成化木。惟須天干透木。

得有水以生之。化木乃眞。既成化[illegible]辛金萬不可見。見之格破。仍用食財爲上。

（癸卯時）寅卯氣成東方。卯星得地。丁火之力自強。時干一癸透出。坐下卯位。水氣盡泄於木。七殺虛露。要有金水相濟。方爲上格。

（甲辰時）時干甲木。餘氣於辰。月提寅木。見辰又會東方。木多有塞火之患。則以印多爲病。須有金財以去其病。用神在金。忌水來泄。一見旺水。則以官殺爲用。徒貴而不富

（乙巳時）日元丁火得祿於巳。長生於寅。時干又見木印。木火氣壯。身旺太過。春丁以金財爲眞神。見之爲宜。有金而又有土。斯更可貴。

（丙午時）寅午半會火局。時干丙刼。幫身。木火同來。更無須再見甲木。甲來生機反成死機。水爲唯一需要之神。況火旺以水爲眞神。此即身旺用殺之謂也。水如不足。金財尤不可少

（丁未時）兩丁並列天干。未中印比深藏。而月提又來寅木。木火叠叠。身旺概可想見。幸時支之未。亦可以泄旺火之氣。喜有金水相助。則土不燥。火不炎。木獲滋潤矣

（戊申時）月時寅申一冲。所藏之神盡傷。印刼根損。日元丁火自弱。時干一戊。又泄丁之氣。獨喜甲印之生扶。刼比之爲助。如重來土金之神。一派傷財肆逞。吾身不將消滅耶。

（己酉時）丁日寅提。寅中印刼兩助。時逢己酉。財星借食而強。身財兩停。如食傷嚴見。雖可生金。却又病於泄丁矣。故喜金透天干。土祇少數。此而用財。其財乃眞。

（庚戌時）日元丁火得庫於戌。坐生於寅。寅戌有拱火之情。木火得地通根。妙在時透庚財。可以破寅木之印。惟庚金坐下戌土。不如辰丑生金之有情。既木火之氣偏於陽壯。尤喜見水以潤澤。

（辛亥時）丁火通根於寅。寅亥合而氣全於卯。火有木助。益見昭融。亥中一點壬水。因被甲泄而轉弱。得時干辛金而又轉旺。自當以壬官爲用。土爲傷水之神。宜少見之

丁日卯月

（庚子時）二月卯乙司令木旺有塞火之象。丁日卯提印綬幫身。時支坐下子水。明爲子卯相刑。實係水來生木殺化爲印。妙在水木火一氣相生清得純粹。時干庚金財星更見獨發而清衡之輕。實自當以庚財爲用

（辛丑時）丁日卯提身印兩旺時逢辛丑金財賴土而有力丑中一點癸水可以潤木之燥。如有甲丙再來。獨防去土合辛是名羈絆用神故若用在辛財豈獨冲之爲凶合亦忌見

（壬寅時）丁火見寅卯印刼得地有根時干一點壬水泄之於木不能成立。全局氣勢偏於木印。宜有金財破印格取君賴臣生如重逢木火之神而不見金財者則成母慈滅子之象矣

（癸卯時）日元丁火得兩卯印助而生旺時干一癸水到卯宮必傷身旺原喜水之官殺乃以木印之泄似未能貿然用之所喜金水同來生助官殺大用於是乎成。

（甲辰時）丁見卯辰東方印又透於時干時支坐下辰土旺火賴以泄之柱中金不可少蓋木旺必賴金裁方成棟樑之用一見水透天干金泄於水當棄金而用水矣

（乙巳時）時干月提乙印得祿日元丁火又復得助於巳印刼兩旺身強不言而喻二月丁火氣勢既壯病於太燥。必須有水潤澤則陽氣降爲渢潤寒暄得以適中見水爲印格用殺見金爲印格用財

（丙午時）日元丁火得祿於午時干丙火坐印於卯三火一木木必從火之勢論格局已成專旺再來木火亦佳如見庚辛之金透水方可用財見土取食傷生財

（丁未時）卯未半會木局兩丁餘氣於未火賴木助氣勢益壯。時支一點未土原可泄火以卯未會而土性失眞滴天髓云出門要向天涯游何事裙釵恣意留是卯木乃裙釵之類也最喜金財透干即是眞神發露用之大貴、

（戊申時）月卯時申名謂乙妹娶庚。[illegible]庚有暗合之情也時干戊土又來生金是金重而火弱也須有木印生身、

一方面又可去土。一舉而兩得。用之最爲上策。

（己酉時）日元丁火。柔賴月提卯印以存。而時支酉金。見巳生而益壯。全力冲卯。卯不動而自動。因之身主失輔助之神矣。必須支見寅午巳未等神。以補救之。弱火始可復明。然後再議用官用財。

（庚戌時）丁火日元。坐印於卯。得庫於戌。蒂固根深。時庚有戌中戊辛之助。財亦有氣。身已健朗。用庚財。喜再有土生。

（辛亥時）時干辛金。泄於亥水。亥中壬水。洩於卯木。卯木又歸生日元。由是金水木火生生不已。中無隔閡之神。可謂清淨。亥卯會木而印旺。乃以亥藏濕壬。難發丁火之燄。須有丙丁巳午之火以實之。水遂得爲我用矣。

丁日辰月

（庚子時）三月戊土司令。丁火之氣受洩。月辰時子。半會化傷爲殺。丁火居於水地。衰弱可知。而時干庚金。又來生水。理宜支坐寅卯巳午等字。先強其身。水病再以土來除之。

（辛丑時）丁火坐下辰丑。傷食皆旺。辰中乙印。助身力微。丑中辛癸同藏。時干辛金歸庫。身不敵財遠矣。喜甲印透干以引丁火。比去財以益身。

（壬寅時）日元丁火。時支寅木。印比根深而有情。時干壬水。見辰庫於月提。官星之勢亦旺。丁壬一合。以身主健朗。合之反佳。是名官來就我。春末丁火。原以土重爲病。甲木爲藥。今以土藏不透。兼得水木相輔。格局清純。天衣無縫矣。

（癸卯時）丁火日元。坐下卯辰東方之氣。時干癸水。通根辰庫。其身足以任殺。柱中再見庚辛之財。以生偏官。尤覺

（甲辰時）丁日辰提。泄火之氣。時又逢辰。傷官暗旺。三月丁火。最忌土氣衆多。時干一甲高透。坐下兩辰餘氣。足以疏此旺土。是甲印不惟有疏土之功。抑且可以助丁之燄。妙哉妙哉。

（乙巳時）丁火日元。得旺於巳。較得三比之力尤強。時干乙卯又來生丁。以言身主。可謂氣充神足。月提辰土傷官。秀氣流行。所喜金財來於干支。格取傷官生財。季春丁火。總以財為眞神。

（丙午時）天干丙丁兩見。時午為丙之刃地。丁之祿地。衰火轉旺。妙在月提辰土。暗藏一點癸水。濕土可以納火。是謂秀氣流行。惟火土傷官之格。總喜金水和潤。如柱中金水齊露。方可用金用水。否則惟有用土為愈。

（丁未時）時干一比幫身。未中木火兩藏。日元不孤。但辰未食傷洩火。其力非尠。喜有甲卯去土。然後再來金水財官。得為我用矣。

（戊申時）丁日辰提。土旺火衰。時逢戊申。又來土金。財多身弱。概可想見。柱中如無木火相助。復見厚土重來。可作從兒格論命。從兒喜金財。是為兒又生兒。

（己酉時）辰酉六合。時己又來生金。日元丁火孤立。非有火比為助。焉能去此旺財。大凡財多身弱。獨喜比刼之神。須要我身康健。其財聽我指揮。否則終被他人覬覦也。如見木印去土。亦保身之一法。

（庚戌時）辰戌皆土。遇之必冲。他神冲之則傷。獨土冲之愈旺。時干庚金。因支土旺而金亦轉旺。日元之丁。僅一戌庫為根。誠星星無燄之火也。理宜支中有帶火之木。有透干之刼比以助之。否則終被土金撲滅也。

（辛亥時）辰中藏乙。亥中藏甲。兩印助丁。丁根深矣。不知辰亥均帶水，其性至濕。不足以生此丁火。必須有帶火之木。如寅卯同來。方能全其火之生氣。時辛氣戀於水。更喜有土傷以制官。

丁日巳月

（庚子時）四月丁火。氣勢轉炎。時逢庚子。庚雖長生於巳。以巳坐火位。金未能用。且庚又洩之於子水。是壯殺星之氣。喜有壬水透干。以解火炎。或土露生金。救全財星。

（辛丑時）地支巳丑。時干辛金高透。拱金之局。轉成會金之局。日元丁火。雖坐下月提之巳。因會而失火之大用。頓

成身輕財弱之象。理宜有甲木透出干頭。助長火之氣勢。然後再見壬水。泄金之氣。自然五行勻停矣

（壬寅時）丁火得祿於巳。長生於寅。印刼同來。火勢轉炎。時干壬水無根。見寅則泄。身印太旺。如丙火再透。名爲丙奪丁光。喜有水以助官。或金以生官。

（癸卯時）丁火有月提巳火之助。時干卯印之生。生旺可知。時干一癸。氣又泄之於木。水木火生生不已。氣勢極淸。乃因火力太壯。濕潤不足。喜有金水得地通根。以爲調劑。

（甲辰時）丁日巳提。夏火通根。時干一甲。引火之力尤強。幸喜時支辰土。收旺火之氣。書云。太旺宜泄。此之謂也。更喜再見金來。格取食傷生財。如柱中乏金。單用土泄亦可。

（乙巳時）月時兩巳。助丁之力極強。時干乙印。又來助火。木火通明之象已成。所喜有金透干。用之爲財。但木火乘旺。如無金財。又無水濟。可作炎上格論命。

（丙午時）丁火得祿於午。丙火又坐祿於巳。丙丁上下交祿。其勢炎炎難遏。自當順其旺火之氣。喜土泄之。土金同來尤妙。獨不宜再見壬癸之水以激之。滴天髓云。暖之至者。反以無寒爲美。其言深有味也。

（丁未時）巳未拱而時透丁火。巳成南方一氣。若論其象。竟與夏丙無異。一神獨旺。自當順其情。不畏木印之再生。如干支再來甲乙寅卯。格取炎上爲宜。土泄有晦。水尅有激。金來無傷其體用也。

（戊申時）巳申六合。不同三會成局之易變其性。故月巳仍不失助丁之功。時申仍能全其財用。惟申中藏壬。財有泄於官。時干戊土。通根於巳。重而晦火。所喜甲印高透。引生丁燄。

（己酉時）巳酉會金。己土生金。金黨而旺。日元丁火弱矣。柱中以金旺爲病。不知夏火見金。祇身稍弱。而金成方局時。反可作火金疊疊格論命。惟須有一二點水以濟。方稱佳格。

（庚戌時）丁火得巳助戊庫。庚金長生於巳。餘氣於戊。身財兩均。火金氣勢相峙。得有戊土以和之。並不以此爲病所病者。土金太燥。所謂火炎土燥。須有水來潤之。

（辛亥時）巳亥一冲。藏神皆傷。欲以巳中丙火爲助。則丙失其力。欲以亥中甲木印綬來生。則印失其功。因之日元丁火。遠爾強轉爲弱。時干一辛財亦不眞。際此情形。宜有火比木印。方顯精神。

丁日午月

（庚子時）五月丁火。氣勢愈旺。建祿成格。丁以甲爲良友。獨於五月丁火。以其炎威莫當。不宜亂用甲木。專以壬癸解炎爲需要。時逢庚子。涸水見金而有源。足以全夏丁之生。土來有晦火之光明。兼有塞水障礙。故以少見爲妙。

（辛丑時）夏火以仲夏爲最旺。此由於天時使然也。時逢辛丑。財星得庫。兼有丑中一點癸水。旺火賴以調濟。惟以庫中之水。總覺氣濁力微。不如透干之爲清。喜有一壬高透。用之自更可喜。如水太多。則甲印爲貴。格取官印相生。

（壬寅時）丁火得祿於午。受生於寅。寅午半會。印化爲刼。時干一點壬水。氣泄於木。木旺再來生火。柱以身主堅強。時壬又嫌無根。成爲虛官之象。故須有金生水。以暢其源。或地支亥子同來。方可以官爲用。土係去水之神。不見爲是。

（癸卯時）午爲丁祿。卯爲丁印。祿印兩見月時。身主健朗極矣。時干一點癸水七殺。獨發而清。惟以水不通根。又無財之相生。虛露之象。補救之法。自宜有申亥等字。以全其財官之氣。水火功成。既濟矣

（甲辰時）午火之氣。泄於辰時。甲又來生。身泄而復生。身主猶旺。辰中癸水七殺。以藏庫而未能盡殺之用。書云。財星喜藏。官殺喜露。故須透之干頭爲貴。斯時火炎水涸。獨殺嫌不足。如有金來相助。方可源遠流長。

（乙巳時）巳午氣成南方。時乙洩之於火。木燥火炎。宜以潤澤爲先。仲夏丁火。用神不離壬癸之水。今柱中以火烈爲病。故見水最宜。如有辰丑濕土之泄火尤妙。

（丙午時）月令建祿。時支又逢歸祿。加以一刼透干。若是餘柱無金水。作從旺論。否則大忌木火。大宜金水及濕土。

而未戌不如丑辰。酉不如申子。不如亥。

（丁未時） 丁火兩排。午未六合。干支陽火疊見。氣勢偏而不和。時支未土。有泄丁火之光。柱中氣勢多陰。須有甲印爲輔。始收陰陽承驩之功。壬癸之水更宜。多如官殺無氣。又宜庚辛生之

（戊申時） 丁火見午則身旺。申中金有戊則財旺。柱中身財兩停。財爲我用。申中壬水。原可泄財之氣。乃以戊臨干頭。暗中有制壬之功。所望水勿透干。我得全其財以用之也

（己酉時） 日元丁火。臨官於月提之午。其健旺可知。時逢己酉。食財相生有情。以得祿之丁。與夫土生之金。身財適得兩停。如柱中加以木火。當以財爲用。如偏旺於財。當以木火爲用。喜忌不可執一。須視配合以定之

（庚戌時） 丁日午提建祿之格。時支一戌會午。身旺極矣。時干一庚。以坐下火位。金性轉脆。喜有濕土之生。遂全財之大用。柱中火土金順而不悖。可作傷官生財。一見水來。遂棄財用殺。

（辛亥時） 丁日午提建祿之格。時逢辛亥。月午以有亥水之隔。不能損時干之金。但欲以辛財爲用。勢又未能。蓋用辛而有亥泄也。故用財須有食傷之土。用官須有申酉等字。

丁日未月

（庚子時） 未月丁火。陰柔氣弱。已成強弩之末。時逢庚子。狀似七殺根伏。實則殺爲未制。庚財雖泄於子。有土氣又轉生。時屆夏末。丁力既弱。固不可無甲以引助。或刼比以幫之

（辛丑時） 丁日坐下未丑。食重等作傷官。六月火衰七旺。丁火獨患其泄。時干辛金。得庫於丑。財星不弱。惟不能爲我所用。柱中火力不足。自喜甲印生之。復有一庚以佐之。此庚金劈甲引丁之說也。丁火無甲則無所附麗。甲木無庚。無所發揮。此係理外之理。六月丁火。應作如是觀也

（壬寅時） 丁火臨於未提。火之餘氣也。時支一寅。刼印祿生之地也。日元因之轉旺。時干壬水。官星本清。乃以坐下

寅木病地。徒然見木而泄。其為無輔之孤官明矣。須有得地之金水為助。使其身官兩旺。始美。

（癸卯時）卯未會木。食化為印。去忌存喜。日元賴印為旺。時干一癸泄於卯。亦是殺印相生之象。惟身旺之造。自不宜以印化殺。獨喜財來滋殺。故水弱得水助固佳。如有金財滋殺尤妙。

（甲辰時）丁未甲辰。印比兩得餘氣。而未辰皆土。泄丁而丁怯。喜其時干透甲。旺土得制。弱火得生。有病有藥。不偏不倚。最喜有庚再透。遂成劈甲引丁之大用。所以六月丁火。不忌財印交錯也。

（乙巳時）、時干乙木印綬。泄之於巳。而巳火劫財。又復泄之於未。身印似旺非旺。且不問其身旺傷旺。僅以火炎土燥論之。柱中須有壬癸之水潤澤。方能恢復全局之病。此亦調候之神。論命當先顧及之。

（丙午時）丁火日元。時逢午。歸祿成格。時干丙火又來生身。而月提未土。與時午六合。滿盤炎上。惜在夏末。見水須防火激。見金須防金鎔。欲使其體用不礙。惟喜有土以泄之耳。

（丁未時）。天干兩丁。地支兩未。日元之氣勢極旺。惟月時坐下兩土。有晦火之光輝。又以土燥為病。自應有水以潤之。且乙丁氣皆屬陰。甲木豈可無之。丁以甲木來引。見之乃是上格。

（戊申時）丁火日元。提未伏藏乙丁。衰火賴之。庫中印比以生。但月未時戊。傷官之氣究旺。時支申金。藉土生而更強。仍以身弱財旺。實難負荷。自喜甲丙同來助身。俾身財得以兩均。

（己酉時）丁日未提。生力弱而洩力強。蓋土正當令。丁火怯矣。時干己土。坐下時支酉金。食神旺而生財。柱中一點比印之根。自難任此食財。如再見叠叠之土。兼獲透干之金。火土金三神成象。當順其土金之氣。以從兒格論。否則仍喜木火幫身。

（庚戌時）時戌為丁火之庫。提未為丁火餘氣。丁有衰而不窮之象。季夏土正乘權。戌未相刑。其土愈實。時干庚金。因土旺而金亦加強。身財並美。惟以氣勢枯燥。須有水以潤澤。則全局呈中和之象矣。

（辛亥時）日元丁火。以月未時亥之會木。弱而不弱。亥中官印雙清。兼有時干辛財之生。可謂氣協情和矣。如用官。

以透干為眞。戊己之神不可見。見則棄官而用財。

丁日申月

(庚子時) 三秋丁火。退氣柔弱。喜有甲木為生身之本。庚透時干。旺財得祿。時支一點子水。遇申而會。財化為官。而時干之庚見水亦情戀於水矣。金水兩旺。日元孤虛。如再見金水。當棄其歇滅之身而從官殺。否則喜見印比

(辛丑時) 日元丁火孤立。月時丑申。時干又辛。食財之勢一致團結。如有木火之神則不患其傷財之猖狂。既無印助又無劫比之幫身。乃以從財為斷。

(壬寅時) 丁火日元。時支寅木。轉衰為旺。書云。如有甲木。可秋可冬。足徵秋火唯甲印是賴。乃以月提申金。見寅必冲。旺者冲衰。衰者自拔。所喜一壬透干。財化官而官仍生印。印又接引日元。時壬調解兩仇。自可取用。

(癸卯時) 丁日時卯。卯印力不如甲。幸時干一癸。與卯有情。足以助木精神。月提申金。見水則洩。金水氣壯。日元較弱。喜有木火助身。方得任用財殺。

(甲辰時) 丁日申提。財星秉令而旺。時支辰土。泄火生金。時甲雖可幫身。乃虛露無力。大凡所喜之神。必欲通根得地方佳。否則效力幾等於零。傷財兩旺。自不宜再見干頭。地支有巳午寅卯等字。則我身不強自強矣。

(乙巳時) 丁火時下巳劫。時干乙木再生。木火氣貫。我身旺矣。月提申金秉令。財星適為我用。書云。官宜露而財宜藏。良有以也。此乃中和為貴之造。不論逢生逢尅。終是危險不涉。

(丙午時) 丁火歸祿於時支之午。見劫於干之丙。陰火氣轉生旺。火氣衰絕之時。全恃劫比多助。月提申金秉令。財星極眞。而申藏一壬。亦可調濟火之精神。喜一金再透。用財愈見清純。

(丁未時) 時未為丁火餘氣。再一比透干。火力乃強。月提申金。以有未土而財星更眞。書云。秋丁最喜甲引。又喜庚劈。乏甲庚而見乙木者。以枯草引燈喻之。故此造身雖不弱。有庚甲兩字則更佳矣。

(戊申時) 月時兩申。財星祿旺。時干一戊傷官。又來生金。而日元丁火。既少刼比之助。又乏印綬之生。其勢孤立。如再見金財得局。成方。應以從財論矣。

(己酉時) 日元孤立衰弱極矣。酉申皆金。時維七月金旺。以如許旺財之肆逞。我身其能任之乎。如柱中不見比印之神。從財乃眞。否則終爲身弱財多之象。

(庚戌時) 丁火坐庫於戌。庚財得祿於申。以旺金而與衰火較。其輕重相去遠甚。秋丁以甲木爲唯一需要之神。又爲助身不可或缺之物。總宜通根透干。丙火刼財。亦應柱中頻見。書有借丙暖金。晒甲之句。蓋專以秋丁而言也。

(辛亥時) 柱中金水並見。財泄而殺旺。一丁虛露。全恃亥甲相助。其火力亦云微矣。況亥中之甲。乃係帶水之木。性濕而難以引丁。八字以水旺爲病。自以土來爲宜。而身弱則喜有火爲助。甲透引丁更佳。

丁日酉月

(庚子時) 丁日酉月。衰絕之火。不離乎甲丙爲助。時逢庚子。庚金財星得旺。子水見金則羅而致之。而金亦情戀於水。金水威脅日元太過。財旺須有刼以收之。官旺宜見印以化之。故欲去其病。非木火重見不爲功。

(辛丑時) 酉丑半會金局。辛金又透時干。銳銳秋金生旺極矣。日元丁火孤立。被旺金包圍。其爲財多身弱明矣。須有重重丙丁之神。得地通根。遂成劍戟之功。此係一神一用之法。財旺因別無他用也。

(壬寅時) 丁日而時支寅位。印刼同宮。月提酉財。藏而氣眞。時干壬水正官。既來就我。又來生印。不問其就我乎生印乎。要皆官清印正之命。用神在時支之寅。金財忌見。土能生金亦弗喜

(癸卯時) 月時卯酉一冲。印根被傷。日元丁火。以印傷而少援助之神。時干癸水七殺。木不受水之氣。反得月酉之生。轉成殺重身輕。自喜有甲寅丙午等字。以充實身主。

(甲辰時) 辰酉六合之說。即土來生金之謂。時干甲印。以坐下辰土餘氣。足以助身之旺。惟身根淺微。須有刼比爲

助。其身自強。水宜少見。多則有損丁光。金來全劈甲之功。格局更為美矣。

(乙巳時) 日元丁火。臨官於巳。時干乙木。又得生身之功。印刧兩見。身主可謂朗健矣。不知巳酉半會。化刧為財。此係無情之會。而日元則旺轉為衰。再見金水。則木印火比。萬不可少。

(丙午時) 丁日午時。歸祿成格。時丙高透。火力乃強。月提酉金。雖在司令之候。以干支皆火。金財鎔化。財弱須有土以生之。不惟生助金財。抑可通火金之氣。

(丁未時) 天干兩比。丞聚於時支未土。未中乙印。又來生助日元。月提酉金為財。以有疊火所制。金氣不免有損。枉中火旺金衰。喜有透干之金財為助。更喜辰丑之土以補苴其財。如見壬癸雜出。當棄財而用官殺。

(戊申時) 申酉氣秉西方。財星黨衆而旺。時干戊土。輾轉又來生金。而日元丁火虛立。何能任此旺財。金旺獨喜刧比。戊透又喜甲疏。如本身無印刧為助。順其金土之氣。格成從財可也。

(己酉時) 月時兩酉。財星得時秉令。時干一己。食神氣戀於財。而日元丁火。既無幫身之比刧。又無生火之木印。身主衰弱極矣。秋丁氣弱無烟。故喜甲丙兩神。祗須得地通根。不必定要透干。祗要衰而不窮。不必旺同於丙。此陰火獨具之性質也。今既丁火全無根氣。如再來庚申辛酉等字。可以從財。

(庚戌時) 日元丁火。生於金旺之酉月。秋丁氣勢熄滅。縱刧印重來。本身亦難望健旺。今以金財獨旺。有甲高透。借庚劈甲引下。方成印之妙用。而有起死回生之功。

(辛亥時) 辛金通根於酉。見亥轉生於水。可謂金水雙清。財官兩旺。日元丁火少見比刧之助。全特亥中甲印之生。總以帶水濕木。兼之未透天干。印力至為微弱。宜再見甲以補之。更不可無丙火以扶之。

丁日戌月

(庚子時) 九月土旺秉令。丁火之氣盡洩於土。戌中一點丁火。微乎其微。時逢庚子。財洩於殺，而戊土制殺。水亦受傷。柱中喜甲印透干。則土病去。多木火幫身。則我身健而可任財殺。

(辛丑時) 月戌時丑。戌丑刑出辛金。辛又有濕土之生。財氣充沛。而日元丁火。斷難任旱旺財。以本身孱弱。非甲引丙刼之得地相助。便爲下命。

(壬寅時) 寅戌拱火。日元根深。戌雖當令之土。見寅土氣受怯。而寅中甲印丙刼。大有推之不移之勢。時干一壬。氣泄於寅。水泄則木愈旺。所喜金財高透。身強用財。明矣。

(癸卯時) 丁火坐庫於戌。坐印於卯。秋丁本衰。黨衆亦旺。時干一點癸殺。見卯則泄。所謂水到卯宮傷也。土金爲可用之神。柱中見之乃佳。此係食傷生財格。

(甲辰時) 月戌時辰。雜氣逢冲則愈旺。而戌中一點丁火。不免爲辰中癸水所傷。丁比有損。日元自弱。妙有甲印透干。坐下辰土餘氣。印綬得根。卽可引生衰丁。滴天髓云。如有嫡母。可秋可冬。如地支復見寅巳等字。尤屬蒂固根深矣。

(乙巳時) 日元丁火。時逢乙巳。木火同來。丁火既有刼印之助。其身自旺。喜巳戌中土金透干。時屆深秋。固不欲水多制火。但一二藏支濕潤。亦不可或缺也。

(丙午時) 丁火歸祿於午。午戌半會。丙又透干。柱中火勢叠叠。九月丁火。雖多刼比之助。不作炎上格論。乃以火勢旺則易燥。必要水來解炎。金來發水。用之財官爲貴。

(丁未時) 戌未相刑。火土之勢愈烈。日元兩丁。氣泄於土。局中傷官傷盡。命書傳爲美格。不知火土過於燥烈。生機不無窒礙。總須有水來調濟。金來生水。去其偏燥爲宜。

(戊申時) 日元丁火。生於戌月。時干戊土高透。傷旺身衰之象。時支申金。戊又生之。土金環泄。火光晦矣。際此情形。非有甲木來疏。終未能添火之燄。一見木印。再見庚財。財印兩全。可以用庚劈甲。而引丁火。斯爲美矣。

(己酉時) 酉戌氣秉西方。時己又來生金。財星黨衆。而日元丁火。僅恃戌庫以存。不無身弱財多之病。印綬生身。固最爲親切。還須木火同臨。日主方甦。

(庚戌時) 月時兩戌。燥土也。日坐兩庫。微火也。時干庚金。財星也。丁微。土燥。金脆。爲病。喜有木來生火。金來泄土。水來洗金。爲妙。有木可以時庚爲用。乏木必須火比爲助。

(辛亥時) 時逢辛亥。金水之氣流通。亥藏一甲。丁火之氣歸旺。但月令坐下戌土。見亥則官星受傷。地支須有木來制土以護官。或金來泄土以生官。然後官星乃清。而木印亦藉之得根矣。

丁日亥月

(庚子時) 三冬火氣已絕。陰柔之丁。欲其火勢融融。非甲無所附麗。丁日亥提。官印兩旺。時逢庚子。財官之氣益強。以時屆冬令。丁火畏水之威。須有甲引透干。化殺爲先。否則不將有殺重尅身之咎乎。

(辛丑時) 亥丑氣類北方。時辛又來生水。寒金濕泥。丁火生機受困。亥中甲印。以帶水之木。未能引火之燄。須有土以制之。去水方全火生。如柱中僅土無木。反成尅泄交加之象矣。

(壬寅時) 丁日亥提。水旺火衰。時值寅位。火氣轉強。寅中丙生甲祿。丁火如子得母。愛護有人矣。時干一壬。高透通根於亥。官星極清。惟以氣勢太寒。殊難引以爲用。如再見金透土來。方爲可貴。否則仍以甲木化水爲尊

(癸卯時) 亥卯半會木局。時癸殺化爲印。日元丁火。見印自強。惟卯有癸水之生。甲有亥水之滋。木濕焉能助丁之氣。故木印未必皆能生火。須視其得用與否。冬丁喜有帶火之木。方能發丁之光。如甲寅等字。書云。如有嫡母。可秋可冬。此指寅而非指亥也。

(甲辰時) 丁日亥提。火畏寒氣之縛束。時干一甲。長生於亥。餘氣於辰。正可引丁之燄。初冬丁火。得甲引則固美。但火之刼比。萬萬不可或缺。須有火比同來。其氣方充。否則單見木印爲助。氣勢仍欠充沛。

(乙巳時) 丁旺於巳。乙印又來生身。望之身主健全。不知月提坐亥。遇巳則冲。竟使巳火根拔。日元旺轉爲衰。所喜

有亥中甲木。接引水火之氣。聊可補救於萬一。所喜有甲透干。劫比重臨地支。丁力自然發煌矣。

（丙午時）丁祿於午。丙劫再幫身。日元之氣極旺。月提亥水。所藏壬甲。官清印正。惜官星泄於印。水勢有欠精神。喜金來透干。用在財旺生官。如金水多見。用土制之。殺化為權。

（丁未時）亥未有拱木之情。印星氣結為旺。時日丁火。又復通根於未。可謂印比得根。月提亥水。官藏不露。且又泄於印。雖亦可用。不如壬水透出為清。如見疊疊戊己。制住水官。當作火土傷官論。

（戊申時）日元丁火。全賴亥中一點甲印以存。申亥中藏壬水庚金。亦可氾濫。幸時干戊土。去水之病。惟日元患尅泄。喜木印化殺。火劫助身。以全身主之氣。

（己酉時）己酉在時。亥水在提。土金水層層相生。流到水方為止。故以水殺獨旺為忌。日元丁火。僅恃藏支甲印為助。乃患衰旺難均。故喜寅午等印比通根。身健而用殺方真。

（庚戌時）地支官傷並見。土水之氣未協。妙有庚財轉生。損之又復益之。官星尚不為病。日元丁火。僅得時支戌庫。身主欠強。即官清亦難為用。須先印劫幫身。印尤可愛。

（辛亥時）丁日亥提。官泄於印。時逢辛亥。水泄於木。地支兩亥。木印兩生。似可為丁火之根。不知木濕而寒。難發丁火之燄。以旺水為病。須有帶火之土。去其寒濕。或透干甲丙助之。自然藥到病除矣。

丁日子月

（庚子時）丁誕子月。嚴寒凜冽。水歸冬旺。有困丁火。月時兩子。七殺勢尊。一庚透時。徒增寒水之凍。日元丁火。幾被旺水熄滅。是其病則在水矣。去病之法。莫如用木泄水之氣。用帶火之土。以塞水之源。我身遂得生成。

（辛丑時）丁日子提。水旺火衰。時逢辛丑。金寒水冷之氣。仲冬丁火微弱。最怕歸旺得垣之水。為之漫淫。際此水旺火熄之時。非有得地之厚土。不能挽狂瀾於既倒。尤喜印比雙透。方可轉達情和。

（壬寅時）丁日子提。水旺火弱。時干一壬。坐下月提子刃。官星之氣愈純。惟以火不勝水。官清未能爲用。喜其時支寅木。寅中甲祿丙生。不惟有余日元之生扶。可以泄旺水之氣。冬丁以寅爲嫡母。見之最爲親切。苟有巳戌等字再來。壬官又何害於我乎。

（癸卯時）丁火見印於時。卯時癸得祿於提子。殺以透干爲旺。遇卯則泄之於印。惟以卯木見水則濕。不足以引生衰丁。須有得地之寅。透干之丙。則寒水之氣漸消。而木火自得鞏固矣。

（甲辰時）子辰半會濕辰。轉化爲殺。冬丁困於旺水。雖時透甲印。以火根淺薄。生火之力不足。故喜劫比多見。培養火之元氣。再來庚財相濟。則成用庚劈甲引丁之局矣。如有壬癸透干。土之食傷不可少。

（乙巳時）丁生子提。寒火畏水。不發時元。印劫同來。丁力弱轉爲強。月提之子。遇火而暖。冬丁以水旺爲病。病其寒也。柱固有火。即用之水殺。亦未始不可。如壬癸頻透天干。則非有土制。不能化權。

（丙午時）子午一冲。旺起而衰拔。日元丁火賴午火爲根。冲則根傾。時干丙火劫財。助丁有莫大之功。乃以午支不穩。仍作身弱看。須有寅巳等字見於地支方實。然後再見庚壬財官。亦非所忌矣。

（丁未時）丁火通根於未。時干丁比幫身。身主弱而不弱。月提子水。與時支未土。不無食殺交戰之象。仲冬丁火。每以水神爲病。有土爲藥。不知水透宜有土制。水藏何須土制。得有丙甲庚壬相濟尤妙。

（戊申時）申子氣歸北方。日元丁火臨於尅地也。時干戊土雖有制水之功。而坐下申位反來增財之勢。財旺轉來生官。是制之未能也。柱以尅泄兩見爲病。印比重見方佳。

（己酉時）月提子水尅制丁火。時下酉金有戀水之情。而時干己土。不惟不能制水。抑且助金而生水。土金水順序相生。其重心固在於水。以孤立之丁。不將有損滅之虞乎。如干支印比皆絕。我當順其金水之情。而以從殺格論之。

（庚戌時）丁火時戌。日元僅可言得根。火氣仍弱。月提子水。憚時戌之制。是戌土誠護火之神也。無如天干透庚。未能盡財之用。反有損丁之咎。甲係丁之嫡母。巳寅爲護身之寶。柱中豈可無之耶。

（辛亥時）亥子氣全北方。時干辛財生殺。水勢偏於一方。寒火氣怯而弱。大喜刦比疊見。復有甲印透干。以全日元精神。書云。冬丁有甲。不怕水多。爲其印能化殺也。不怕金多。庚金劈甲。爲其功成反生也。

丁日丑月

（庚子時）十二月丁火。位居養地。其氣醖釀。有乘時待旺之象。月提丑土。丑中辛癸同宮。金水之氣旺於土。時逢庚子。子丑成北方一氣。丁火爲水所困。微弱極矣。甲印爲救丁之正用。且爲泄水之眞神。亦宜多見爲佳。巳午刦比亦喜齊來。

（辛丑時）日元丁火孤立。時辛兩歸丑土。是名財星得庫。丑中辛癸同宮。金水之氣偏旺。但以丑土兩見。水濁不清。徒成濕泥之象。既以土金水爲病。又不能從財殺。惟以火比木印。多多益善。

（壬寅時）丁火氣泄於月提丑土。而時壬透干。丁壬化木未成。妙在時支寅木。丁火遂以通根。書云。支有寅木。冬生不懼水。如見土而又復見金。應以食神生財爲用。

（癸卯時）癸水七殺之氣。洩於卯。而丑被卯木所制。卯中乙木雖柔。可以封羊解牛。日元丁火。賴時支一印。有衰而不窮之象。惟乙爲陰木。濕不如甲木引丁之有力。再見庚財高透。格局臻於全美矣。

（甲辰時）時甲引丁爲喜。辰丑泄火爲忌。去病莫如得寅。則可去其寒濕之土。而生垂絕之火。如柱中疊逢木印。祇要金財得所。反成有用之材。土多可作食傷生財格論。

（乙巳時）巳丑拱金。並非似巳酉或酉丑之可會。所以時支巳火。仍不失其火之旺氣。而時干一木。被火邀而近之。身旺可知。月提丑土。妙在辛癸兩藏。財殺有氣。如水木兩透。我得捨印而用殺矣。

（丙午時）丁火日元。得祿於午。時干丙火。又復見刃於午。身主可謂旺矣。月令丑土。妙在金水濕潤。可泄旺火之氣。

如有金透干頭。用在土金。格取食神生財。如壬水得見水火之情通矣。當以用官爲貴。

（丁未時）丑未一冲。土以冲而愈旺。兩丁通根於未。本身亦云有根。如四柱多見辰戌丑未等字。是名聚庫。祇要我兒又生兒。如從兒不成。徒見一派土者。用甲疏之可也。

（戊申時）月令丑土。時值戊申。乃身弱傷旺之象。日元丁火。幾如一燈之已成餘燼。非添以膏油。焉望復明。木印爲丁之嫡母。柱中豈可無之。有木則土病自去。身主自旺。如乏印而有水雜出。土水混濁。難清其爲下命必矣

（己酉時）酉丑會局。時己生金。財有食助。氣通門戶。日元丁火孤立。終爲土金所困。財旺之造。原喜刼比爲助。是名一神一用。乃以冬丁氣弱。兼有己丑兩土之泄。甲木尤要於火比。況丁火獨專甲引。火其尤焉者也

（庚戌時）丑戌皆土。一庚獨透時干。土來生金。惟財獨旺。丁火力弱。不能任財。急宜有甲木透干。遂成庚甲劈引之用。既以比肩太少。扶陽未成。巳午重來最妙。

（辛亥時）時逢辛亥。金水同來。月提丑土。水旺則蕩。日元丁火。幾被金水包圍。如再見財殺之神。則成水旺火滅之象。仍以木印火刼爲最要之神。

戊日寅月

（壬子時）五行之土。散在於辰戌丑未四維之月。非似金水木火有專旺之時。正月戊土位臨長生之地。寅中藏丙暖土。甲木生火。寒土氣旺而實。時逢壬子財星。藉餘氣而轉旺。初春戊土畏寒。故不專金之傷官。增水財之勢。如金水同來。土以制之乃佳。

（癸丑時）戊日寅提。甲丙兩旺。時逢癸丑。水財得庫而有根。初春戊土。用固不離水潤。惟喜藏而不露。多見防七濆之虞。丙透則氣暖而和。土重賴木以疏

（甲寅時）戊土日元。月時寅木長生。土氣尚旺。時干甲木。又復兩坐寅祿。七殺之氣旺甚。有木重土傾之象。喜寅中

藏丙火。化殺生身。書云。衆殺猖狂。一仁可化。仁者。丙火之印也。柱中木火土三神。氣勢偏燥。支有一二點水以潤之方全暖潤疏闢之功。

（乙卯時）寅卯氣歸東方。時干乙官坐祿。春木原屬當令。日元戊土。雖長生於寅。亦難敵其旺殺。喜火印透干。木從火化。否則須有金以制木。取傷官駕殺。

（丙辰時）戊土得比於時支之辰。兼有月提寅藏印比之生。土氣虛轉為旺。時干丙火。透自寅提。更是興旺之象。辰中癸水居庫。財印不相冲突。而反全潤土之功。氣秉純和。五行中任何不忌

（丁巳時）寅巳兩丙。藏支時干丁又高透。印綬偏旺。初春戊土。本以火煖為先決問題。但過煖又嫌亢燥。有失滋生萬物之功。故喜水來潤澤。如柱水氣微。則喜金來助水。遂成食傷生財之格。

（戊午時）日元戊土。坐生於寅。見刃於午。寅午會半局之火。土殺化印以生身。時干戊比高透。又來助身。書云。土散則輕。土聚則滯。此以滯字為病。喜有金以泄之。水以潤之。木以疏之

（己未時）日元戊土。坐於寅木長生。時干時支有己未兩刼。土氣健旺。月提寅木。以中藏火。疏土之力不足。天干須有甲以助之。既有木為救星。切忌見金。無木則喜有金以化土

（庚申時）月提時支。寅申互冲。冲則金木之氣渙散。食殺兩失其用。時干庚金坐祿。亦以冲而無根。喜有午戌合寅全申。則以庚金食神為用。否則仍喜比印為助

（辛酉時）戊土長生於寅。提時逢辛酉傷官坐祿。秀氣發越。春土固以暖潤疏闢為貴。不離丙甲癸三神。如三者未全。必使有以全之。三者已全。更當視其孰為親切。擇一以用之。身弱獨喜火印。身旺財殺為宜。如無財殺。泄之可也。

（壬戌時）時支戌土。為日元助旺之神。月提寅木。又屬土之長生。時干一壬為財。以坐下戌土。大有去財之嫌。喜支見子亥等字。以全水之精神。自當取財為用。如見金以流通比財之氣者。尤為可貴

（癸亥時）寅亥六合。助長七殺之勢。時逢癸亥。財來殺勢愈旺。日元戊土。雖有寅中丙戊印比之助。究不敵於財殺。是殺重身輕。明矣。去殺之肆逞。原以食傷爲美。但此造見金。既不能制殺。抑且生財以助殺。故非用火印化殺生身不可。

戊日卯月

（壬子時）二月戊土。受尅之鄉。不逮寅月爲旺相。戊誕卯提。官星秉令。時逢壬子。財星之力亦強。財官皆清。惟日元過弱。喜有火土比印爲助。身健方可任官。

（癸丑時）時支丑七刼財。被提卯制之殆盡，所謂乙木雖柔。刲羊解牛。丑中辛癸相生。暗助時干癸財。則財透而且清。日元戊土衰弱。難任其財。喜有辰戌之土。聚以扶之。丙丁之印。燠以暖之。身主未臻堅固。而獨見食財並來。能不爲身弱財多者幾希。

（甲寅時）寅卯官殺相混。時殺又透干頭。此係殺從官勢。非爲混也。日元戊土。僅恃寅中丙殺戊比。身不敵殺。須有干透之印。化殺生身爲美。木土皆燥。還需一二點水以潤澤。

（乙卯時）乙木官星。月時兩逢祿地。日元戊土虛弱。豈堪旺木之尅。而有傾陷之虞矣。喜有土比火印生扶。方得官身兩停。否則。一派水木之神。可作成象之從殺論（官多作殺）

（丙辰時）戊日辰時。比肩幫身而有根。時干丙印。得卯生而官印相隨。極盡官清印正之妙。木火土氣勢順粹。一清到底。喜有水藏支而官之原神透出。格成財星生官。如土金雜出則濁而不清矣。

（丁巳時）時逢丁巳。印星得地而旺。日元戊土。見巳爲歸祿。月令一點卯木。官星清淨。身旺自可以官爲用。惟卯木見印則氣泄。喜水財生官。方合財官之用。否則是名孤官無輔。

（戊午時）日時兩戊並列。氣聚午刃。身主之健可知。月令卯木官星。其情戀於午火。轉添印綬之旺。官印比轉輾相生。一氣呵成。亦是清淨。惟時值木火氣壯。調候尤爲重要。須有水財通根。則木不燥。火不烈。土可發生萬物矣。

(己未時)　戊土日元。誕於卯月。土氣休囚。時逢己未。有兩刼助身。弱轉爲旺。不知卯未半會木局。比肩化官。遂成土木交戰之象。喜年月有丙丁通官比之氣而成官印身一順相生。土少濕潤。略喜水來調候

(庚申時)　戊生卯月。其氣正衰。時爲庚申。食神有氣。卯木見申暗合。官星有所牽絆。此以身輕食重爲病。須有得地透干之土。再見印以去旺金。書云。身弱傷旺。佩印爲先。換言之。即用印去傷。以護身也

(辛酉時)　卯酉逢冲。有謂金尅木而非木尅金。不知金旺則木受傷。木旺則金受怯。此條辛酉金氣得祿。卯木當令乘權。兩相冲動。無所軒輊。則金木之本氣皆傷。日元戊土。旣有旺木之尅。復見金傷之泄。可謂弱矣。唯喜火印化木制金生身。一字可有三用。

(壬戌時)　戊日戌時。身主通根戌中一點丁印。又來助身。蓋所謂吉神深藏是也。月提卯木。遇戌六合。暗來助印。而時干壬水偏財。以坐下戌土比肩。水不得根。身旺本喜見財。故須再有水金財賴食生爲美。

(癸亥時)　亥卯會木。時干癸來滋木。日元戊土孱弱。殺旺自喜食傷。今殺重而身輕。惟有印以化之。如比印兩缺。再見木成方局。作從殺格論。

戊日辰月

(壬子時)　三月戊土。秉令乘權。戊日辰提。比肩幫身。時逢壬子。財星極清。子辰半會水局。有比化爲財之意。惟以時值土旺。仍是身財兩停。喜有金來引通土水之氣。此即食傷生財格。見木火官印亦不忌。惟總以財爲中心

(癸丑時)　戊得辰丑土。愈旺實。時維三月。土重有聚滯之處。時干癸財因辰丑中藏辛癸。雖值休囚。黨衆亦強。春末戊土陽壯。原喜水以潤土之燥。重土爲病。甲木尤喜見之

(甲寅時)　日元通根於辰。時甲得祿於寅。殺身相均。自以七殺爲用。書云。身強殺淺宜生殺。身輕殺重宜化殺。故喜

有水財爲貴。既可潤土之燥。又得滋木之氣。一擧兩得。不亦美哉。

（乙卯時）戊臨辰提。日元得以幫身。時逢乙卯。官星獨發而清。卯辰氣聚東方。官多可作殺看。殺較重於身。喜有火印以化之。支中藏有微水潤之更佳。

（丙辰時）戊土日元。月時兩坐辰土。疊比生扶。身主朗健。辰中乙癸兩藏。財官雖不透干。勢亦不弱。而時上丙火。氣泄於土。比印益覺有情。喜金水木再露。更見精神。

（丁巳時）戊土歸祿於巳。得比於辰。日元生旺極矣。三月火已進氣。火多有防燥土。故須有水財以濟之。書云。忌旺火煆煉焦坼。得感水滋潤成功。信非虛語。如柱中復有金之相助。更覺清純。

（戊午時）天干兩比並列。通根於月提之辰。聚氣於時刃之午。三土一火。身主旺矣。辰中一點癸水。藏之有情。其功用足以潤土之燥。身旺刃旺。獨喜甲木透干制之。所謂逢刃看殺。殺刃最喜雙全。

（己未時）戊辰己未。分列月時。叠叠黨衆。土聚則滯。喜木疏水潤金洩。如四柱重見火土。絕無木金魁泄之神。當從土衆作稼穡格論。既成此格。最忌木之官殺。

（庚申時）戊生辰提。時逢庚申。金洩旺土。秀氣流通。地支申中有長生之壬。辰中有坐庫之癸。而申辰又有拱水之情。故與其言食神旺相。不如言財星有氣。以多見火土幫身爲宜。

（辛酉時）時逢辛酉傷官得祿。酉辰明爲六合。實則辰土生金。日元戊土。雖在司令之候。以辰比被酉牽絆。助身之力失專。以泄氣太過爲病。自應火印爲救。書云。混殺貴清。遇傷喜印。既見火矣。刼比亦不可少。

（壬戌時）月辰時戌。皆屬土。所謂朋冲。因冲而土氣愈旺。時干壬水爲辰戌制之殆盡。喜有木以疏之。否則金來泄之亦佳。忌土再重。微火不妨。

（癸亥時）日元戊土。逢辰提而身旺。時值癸亥。上下皆財。亥中甲木。復有水財之生。七殺神完氣足。因之比財雖爭。而有殺來制刼。身主較輕。財殺較旺。用火印則身殺兩停矣。

戊日巳月

（壬子時）四月丙戊司權。火旺土實。喜有木之疏闢。水之潤澤。此係初夏戊土不離之眞神。戊土建祿於巳。母旺子相。時逢壬子。功能潤土之燥。自當以財爲用。刼比不欲透干。透則假神亂眞。

（癸丑時）戊土得祿於巳。母子同旺之象。夏土陽氣相催。土有乾燥之患。欲其萬物生長。全賴水以相濟。時落癸丑。金藏水透。用在癸財。喜餘柱再見金水爲助。火土皆忌神。少見爲是。

（甲寅時）提巳爲戊土之祿。時寅爲戊土之生。刼印通根。日元氣勢充沛。時甲坐祿於寅。木助火勢而益旺。殺有印化。土有印生。格局純粹。惟柱中火炎土燥。偏枯之象。欲其氣勢中和。非有水來調候。金來發源不爲功。

（乙卯時）時逢乙卯。官星得祿。月提巳火。見木生而愈旺。因之日元戊土高亢極矣。天地萬物之生。固在土。苟非水以灌漑。終屬石田而已。故水財爲夏土當務之急。有水而無金。榮華不久。

（丙辰時）戊土通根於巳。巳爲日元之祿。時丙亦根於巳。印綬亦得祿也。身印兩旺。且又根深蒂固。時支辰土。以藏癸水之財。土氣潤而旺。火賴以泄。惟庫中溝瀆之水。力量極微。須有水之元神透干。或有金之食傷相生。用在傷官生財必矣。

（丁巳時）戊土兩見巳祿。丁印又透時干。滿盤火土。生旺極矣。此條火高土亢。厚而且實。理應用水調候。乃係格之正用。如不見壬癸之水。喜有金以泄之。此用在食傷。書云。土逢旺月見金多。總爲貴論。如不見金。一派戊己者。作稼穡格論。

（戊午時）天干兩戊。地支巳午。日元祿刃兩備。土氣過旺則滯。以此一片烈火頑土。病在亢燥可知。須有通根之水。爲之沃潤。方可發育。如滴水氣淺。反來激火之炎。終被旺火灼乾。故夏土用水。尤須有金來發源也。

（己未時）柱中一派火土。日元生機受阻。蹇滯殊難流通。壬癸之水。固爲夏戊調候之眞神。如單見水財。又防羣比所奪。未能即以爲害。須有金來泄土。轉生水財。方全美妙。是金之食傷。尤較水財爲先要。

（庚申時）時干庚金長生於巳。歸祿於申。書云。食神有氣。勝似財官。惟若金多而泄之太過。須有辰丑之土以幫身。何以必要辰丑。爲其夏土喜濕潤也。申中壬水逢生。雖屬藏支。氣與透干相似。亦可以壬財爲用。

（辛酉時）巳酉會金。時辛又透干頭。日元戊土雖旺。究不敵食傷之盜泄。巳火化傷。土金氣勢一貫。惟時在四月火旺之候。斷無從兒之說。如有水財透干。視其身強則用財。身弱則用印。

（壬戌時）日元戊土。戌比巳印。身主甚旺。時干壬水。坐下戌地。其財不攻自破。夏戊最忌土燥。更忌火旺。喜水潤。更喜金生。今以水被戌制。是失調候之功。急宜金來泄土生水。萬物得以滋長。

（癸亥時）巳亥一冲。水弱火旺。夫旺者冲衰。衰者必拔。衰者冲旺。旺者雖不盡拔。亦不能毫無損傷。惟初夏戊土。不在於比印多見。始言身強。乃以見水濕潤爲先。今時値癸亥。用財爲宜。有金構通身財尤妙。

戊日午月

（壬子時）五月火勢炎熾。戊土有焦坼之虞。首重水來調候。戊日午提。位臨陽刃。土氣旺逾其度。時逢壬子。厚土滋潤功成。惟子午一冲。還宜有合神解冲。或金發水源。

（癸丑時）午中丁己同宮。戊土得午刃而生旺。時支丑土。以中藏癸辛。兼之癸透時干。使日元高亢之氣。得以調和。盛夏戊土。原取水來反生。見印生而反尅。惟水至午月。休囚已極。非有庚辛助長弱水之勢。終不能令其潤澤之功也。

（甲寅時）寅午半會火局。午火羊刃被令。甲寅七殺通根。以木從火勢。殺強變爲印強。而日元既有月提之刃。復見時支寅木長生。身主之旺。可以明矣。木旺則火炎。火炎則土燥。際此情形。須以金水調候爲急。生尅在其次耳。

（乙卯時）乙卯官星獨發而淸。月提午印逢官。氣合情投。惟木旺轉爲火旺。戊土安能受茲烈火威熖。所以夏土見印。生而不生。須有金水透干得根。則木潤而土蘇矣。

(丙辰時) 天干戊丙並列。聚氣月提午火。火炎土燥之象。喜其時支辰土。可以泄火之氣。潤土之燥。惟辰中癸水太微。一滴難潤萬里。須支見申酉亥子等字。自然源遠流長。

(丁巳時) 丁火得祿於午。戊土得祿於巳。身印相互交祿。火土同旺可知。夏月之土。其勢燥烈。安能發育萬物。喜有甘霖頻降。方收灌溉之功。大凡夏月戊土。除非金水結黨干支雜出。可以轉用印比之神。否則總以食傷生財取格。

(戊午時) 天干兩戊。地支兩午。狀如天地一氣。火土同歸。惟以兩刃齊來。愈覺火旺難遏。如再來火土。祇可順其印比之氣而從旺。如有滴水雜之。則必至相激。無非質量並豐之金水。方可用傷食或財星。

(己未時) 時逢己未。月提午刃。又來生土。土勢旺而燥矣。月令陽刃。必取七殺爲制。但殺有印化。徒然助火。終不如金來泄秀。水來潤澤爲可貴。

(庚申時) 戊臨午刃。爲身旺。庚坐申地。爲食旺。身強有金泄秀。旺土得以流通。妙在申中藏壬。藉申發水之源。夏土本燥。見水則潤。格取食神生財。如金水之氣。勝於火土。則當以火印生身爲用。然而極少也。

(辛酉時) 上條時逢食神。此條時値傷官。金有陰陽之分。洩氣則一也。日元通根於月提午火。既有傷官。我當用傷爲眞。如柱有壬癸之水。則以水財爲用。而以金爲喜神也。

(壬戌時) 午戌半會火局。月被羊刃被合。土比化爲印綬。身旺極矣。時干壬水偏財。仲夏巳屬失令。更以坐下戌地。弱水何堪。喜支見申亥。助長金水之氣。滿盤遂以活躍。

(癸亥時) 日元戊土。月提午火。印刼生旺極矣。時逢癸亥。水氣坐旺。身財並茂。刃格本以殺制爲貴。獨五月戊土。不取殺制。而取金水層層轉泄。此係時令配合之需要。可意會而未可以言傳也。

戊日未月

壬子時）六月火氣轉弱。土正當旺，戊日未提時逢壬子水財得地有根。足以潤土之性。惟未月有傷子水。則財星無根。喜支見一申酉之神。則土泄於金而不去子財故金之食傷爲夏土通關之要神格局之佳否金有莫大關係也

癸丑時）月時丑未冲。土因冲動而愈旺。時癸通根於丑。因冲而財成虛露。六月土旺水衰。急須有助水之神爲救。卽食傷是也如天干再見刼比制財專用金泄亦是美格。

（甲寅時）戊土通根於未火土同生於寅時干甲木七殺。以寅中丙火所泄木旺轉爲火旺。乃殺印相生之局木土皆燥。有欠生動金水爲調候之神理宜聚氣於干支也。

（乙卯時）戊日未提。旺土得根而實卯未半會。刼化爲官。而乙木透時。官多作殺看。遂成殺重身輕之象。書云。身殺兩停宜制殺重身輕宜化殺。此亦以有印化殺爲貴化殺且可生身構通土木之氣土勢偏燥則喜一二點水以潤之。

（丙辰時）戊土日元。月時未辰。時干再丙。火土重矣。妙在辰中一滴癸水。可以泄火潤土。功非淺鮮火土獨強。喜有泄土之金。書云。土逢季月見金多，總爲貴論信不誣也。

（丁巳時）巳未拱火。時干透丁日元戊土。幾成焦裂。喜水灌溉。迫切需要。若無水潤。禾稼不生矣。既以火旺爲病。水財爲藥。如不見壬癸之水。金亦可以療實土之病也

（戊午時）戊生土旺之未月。時干比肩幫身，時支午火生身。身旺而太過。偏於枯燥。空惹塵埃之氣。土旺不離木疏。土燥不離水潤。疏土之木。固屬至要。調候之水尤爲先急。金能生水。亦不可或缺也

（己未時）天干戊己。地支雙未。滿盤土氣疊疊。若在土王用事之時。干支刼比再來。可作一神成象之稼穡格論。反

宜火土助格。柱有金水木。則仍喜疏洩與潤澤也。

(庚申時)　日戊提未。根深而旺。時逢庚申。金水同情。燥土而有金洩水潤。萬物自得滋長。土金氣勢周流。夏末火勢消退。如金水過旺。有三伏生寒之象。果爾。反喜木火為救也。

(辛酉時)　凡土皆能生金。然如此條未中暗藏丁火。土氣轉燥。非但不能生金。反有損金之處。故月提之未。幫身則可。生金則不可。辛酉傷官。須先有水潤土之燥。然後土金水生生不息矣。故土能生金與否。以有水無水為轉移也。

(壬戌時)　戌未刼比同來。日元戊土。愈見氣壯。戌未中兩印分列。尤足以生身。書云。身弱之造。宜助宜幫。身旺之造。宜尅宜泄。時壬為調候之神。焉得不尊之寶之。但以壬水坐下尅地。等於虛露。須有金水輔助。無力轉為有用矣。

(癸亥時)　戊生未月。時落癸亥。水旺不逮土旺。書云身旺有官則用官。身旺無官則用財。此論命不二法門。亥中甲木逢生。且亥未拱木。似覺殺旺於財。是用財不如用殺。若有金洩土生水。則用金更勝用木。

戊日申月

(壬子時)　七月戊土。寒氣漸增。陽氣轉退。故論用神。先丙後癸。甲木次之。戊日誕於申月。月時申子會水。時干又透壬水。水來叠叠。土虛不實。財旺為病。喜有比刼制止。火印暖之。

(癸丑時)　申藏庚壬。丑有辛癸。時干又透癸財。財固旺矣。七月戊土。不如夏月之實。多水則土氣浮蕩。難以發榮萬物。須有土以驅水之病。火以煊土之性。五行庶歸於中和。

(甲寅時)　戊土長生於寅。賴寅中丙印戊比扶助。望之日元通根。乃以時逢申月。申寅互冲。而寅中丙戊皆傷。身主受害匪淺。時干甲木高透。又來尅身。須有印透干頭。專取殺印相生。

(乙卯時)　時逢乙卯。官星得祿。月提申金。遥卯有暗合之情。戊土日元。不勝金木之尅泄。必須先來刼比助之。方可用財用官。如無比刼。喜有火印化官。

(丙辰時) 月提申金秉令。時支辰土生金。辰申有拱水之情。以支無子財。仍作土金看。初秋戊土。氣勢虛弱。最喜印比爲助。則土氣磅礴。時干丙火。以坐下辰土。有晦火之光明。喜再木火生助之。

(丁巳時) 戊土得祿於巳。丁火又透干。秋土藉火而得暖。身主朗健。可取申中壬水爲用。以全水火既濟之大用。再見火土。富貴持久。

(戊午時) 日時戊土兩透。時支午火陽刃。厚土之氣聚於午。身主鞏固極矣。月提申金。藏壬水之財。氣勢清而不雜。當以食神生財爲用。如金水疊透天干。又防寒土之性。轉使高亢之土。化爲濕泥。

(己未時) 戊土生申。氣泄而弱。秋土最喜陽和。不離丙火照煖。時逢己未。日元得根極深。未中丁火。可施調候之功。身旺原喜財官。如再水木齊透。富貴無疑。

(庚申時) 庚金兩坐申祿。食神之氣勢旺矣。日元戊土。未免泄之太過。食多作傷。傷重必喜佩印。故喜丙丁迭見制盡金病。我身康復。或則多土幫身亦善。

(辛酉時) 日元戊土値秋而氣休。申中金水同宮。食財氣盛。土弱難任。時逢辛酉。干支皆金。傷官之勢尤旺。書云。戊土旺於生方。斃於泄方。信然。如不見火土幫身。重來庚申辛酉之神者。可棄其孤立之土。作從兒格論。否則略見火土幫身。亦非上乘之命。

(壬戌時) 戊土通根於戌。藏丁暖土有功。月提申金得祿。申中壬水透干。食神生財而旺。惟秋戊氣弱。須有印比生扶。用財方眞。

(癸亥時) 月提申金。時逢癸亥。金旺轉爲水旺。日元戊土。幾被財星包圍。其爲財多身弱。彰彰明矣。刼比之土。爲特效良藥。蓋水多必賴土以去之。得火以暖土輔土尤妙。金木終忌見也。

戊日酉月

(壬子時)　八月金旺秉令。土之氣泄。寒土生機不暢。宜移陽以曝之。故先丙後癸爲用。戊土孤立。月提酉金。時逢壬子。金水一氣相生。促成寒土之病。急宜有燥實之土。方收隄防之功。如無火土資助。再見金水同來。作從財論。

(癸丑時)　酉丑會金。丑中癸水透干。水勢旺相極矣。八月戊土。原以火暖爲唯一需要。徒見濕潤。土之生機危殆。今欲去水之病。非印比互助不爲功。有火無土。有土無火。皆非上命。

(甲寅時)　戊土泄氣於酉月。時上甲寅又來尅身。八月戊土。原以火爲護身符。今欲化殺之頑。制金之強。更非火印救之不爲功。土來輔身亦佳。金木大忌。水尤可畏。

(乙卯時)　月時卯酉一冲。金木兩傷。時干乙木官星。因冲而轉成虛露。日元戊土。既有木之尅。復有金之泄。其身何堪。官弱喜有財輔。身弱喜刼印生扶。此條需要刼印。似更甚於財也。

(丙辰時)　辰酉六合。土從金勢。戊日本以辰爲根。因酉牽絆而土根被傷。幸喜時干透丙。寒土藉以暖。身衰喜有比見木無妨。見水宜木化之。土制之。

(丁巳時)　戊土得祿於巳。丁火透於時干。印來生助。土氣益厚。惟月酉時巳。半會金局。再見金水。或丑土會成全金局。反以身弱論。乃須火印爲尚也。

(戊午時)　戊土坐刃於午。時干戊土幫身。時值秋令。有此得地之午火。土氣乃健。月提酉金。可以泄土之秀。火土金一氣貫通。生生不已。論用當以月提傷官爲宜。如有壬癸之水。轉爲傷官生財之格。

(己未時)　三土一金。日元氣勢充沛。秋土最怕虛露。最喜刼比助之。未中暗藏丁火。藉以溫暖。雖屬一點吉神。勝於虛火多矣。月提酉洩秀氣流行。用取傷官。有木透干則用官殺亦佳。

(庚申時)　一土三金。不言而知傷旺身弱。喜佩火印。以生身而去金。又可驅寒增暖。一神三用。豈不美哉。如無火。

有用刼比爲尊。水木財官皆非宜。

（辛酉時）一土三金日元孤立無助。況秋金當旺。戊土幾無存身之可能矣。最喜火印爲救。土比爲助。不忌甲寅之木。蓋能生火而不畏陰金也。水終大忌。

（壬戌時）日元戊土通根於戌。時干壬水得地於酉。身財均停。戌中一點丁火。以深藏庫中。其力未能普照。値玆秋令土寒之時。須有透干之丙丁得地之巳午方可驅寒轉暖。

（癸亥時）戊誕酉月。死地也。時逢亥水。絕地也。身居死絕之地。其弱概可想見。時癸通根於亥。兼有月提酉金之生。財亦旺矣。水旺則土蕩。其財必不爲我用。去水之病惟土。暖土之寒惟火。火土兩見。畫龍點睛成矣。

戊日戌月

（壬子時）戌月土旺。戊爲陽土。値旺月而氣愈厚實。木疏水潤。誠不少可。時逢壬子。土賴以潤。土水相峙。氣勢未融。須有金介其間。構通比財之氣。且土旺見金而泄秀。水亦因金生而免刼奪。金誠喜神。有則必發。

（癸丑時）戊日戌月。土雖厚而涉於燥。戌丑中有丁癸。一煊一潤。土氣遂以調和。丑中透出癸水。財星歸眞。惟土重不離木疏。獨水更防刼奪。故喜官殺制土。傷食引水。

（甲寅時）戊土通根於戌。甲木通根於寅。土旺有甲木之疏。有殺當先論殺。此係身殺兩停。喜再有金以制之。書云。身旺殺旺。而得制其殺。化爲權貴。信哉是言。

（乙卯時）戊日戌月。土正當令。時逢乙卯官星。獨發而清。木土相峙。兼之土燥而潤。氣勢失之於和。支有一二點水以潤之。用取財旺生官。

（丙辰時）辰戌爲朋沖。土因冲動而益旺。惟時干丙火。泄於坐下辰土。幸日主戊土健朗。非似身衰之必欲印助也。九秋土氣厚實。甲木萬不可少。否則惟喜金之泄。水之潤也。

（丁巳時）戊土得祿於巳。得比於戌。丁卯又得旺於巳。火土一氣。身旺可知。氣勢偏燥。水爲調候眞神。可收灌溉滋潤之功。有財則病去。金發水源。亦屬需要。如不見滴水。重來四庫之土。可作稼穡格論。

（戊午時）戊土通根於戌。得刃於午。火土兩旺。午戌會火。印力愈強。而土氣愈燥。甲木爲疏土之眞神。自屬喜見。惟木燥則不能舒展。更須有水以滋之。財旺生殺。自是上格。

（己未時）天干戊己。地支戌未。四土叠叠。未戌中二點丁火。戊土日元。不無太旺太燥乎。如干支再見戊己丑辰等字。當順其土性而作稼穡格論。既成此格。木之官殺不可見。金之食傷不妨行。不作稼穡。則最喜金洩水潤。土重木折。木不濟事。

（庚申時）申戌拱酉。時干透庚。食神之力倍增。戊土之氣盜洩。幸九秋正值土旺。泄之反所以秀土之氣。有水洩金。謂之兒又生兒。轉輾吐秀更美。

（辛酉時）酉戌氣歸西方。辛金透於時干。日元戊臨戌提。比肩通根戌中一點丁火。殊難去透干之辛。比傷兩旺。氣勢極清。惟土性極燥。還須有水來潤澤方佳。

（壬戌時）戊土日元。月時兩逢戌庫。兼有戌中兩丁之生。土氣渾然。時干壬水。足潤亢燥之土。土之生機。遂以生動。惟水臨比地。須有金爲水源。乃成富命。無金則徒啓土水之爭。勢成羣比爭財。窮困必矣。

（癸亥時）戊日戌提。土旺而實。時逢癸亥。財星通根。比財接近。不無爭奪之勢。雖身旺可以用財。不如見金化比。轉來生財之爲妙。論命總喜五行流通。忌其對敵。清濁之辯別。即在此也。

戊日亥月

（壬子時）土水不容混合。則有礙氣勢之清。三冬戊土。氣寒而肅。獨喜木火。切忌金水。戊日亥月。寒土寒水。生機岌然。時逢壬子。併亥而水勢氾濫。水旺土蕩之象成矣。惟喜陽和。故須有厚土以去水患。熾火以溫土氣。舍此兩種。

而欲身主康強。信乎其不可也。

(癸丑時) 戊日丑時。丑係濕土。見亥則蕩。明雖是土。實則與水無異。癸丑亥三神皆水。厚土轉薄。浸淫堪虞。火盛則土氣爲衆。比助則水勢乃怯。大忌金之生水。

(甲寅時) 戊土長生於寅。甲木得祿於寅。惟亥寅六合。寅有牽掣。財殺雖旺。日元無氣。有火則生機足。且成殺印相生。火印丁不如丙。巳不及午。

(乙卯時) 亥卯會木。乙透時干。冬土本喜殺旺。爲其能生火印也。今以身主孤弱。殺旺更有何益。故喜丙丁同透。化殺助身。金雖制木。奈何洩土。

(丙辰時) 月提亥水爲財。時干丙坐辰地。有晦火之光明。戊土寒濕爲病。再有得地之火。與夫透干之木。土自溫暖。而神完氣足矣。

(丁巳時) 戊土得祿於巳。再見丁火。寒而不寒。無如月提逢亥。巳亥相冲。斯時水旺火衰。須有寅字見支。亥爲寅合而不冲巳。火土恢復自由矣。

(戊午時) 戊土見刃於時支之午。得比於時干之戊。氣勢溫厚。而可任月提亥水之財。此條五行抒配。凡不太過者。皆吉善之象。惟以時令氣候言。金水祗可少而不可多也。

(己未時) 冬土氣怯而弱。故以刼比重見爲佳。時落己未。幫身而未中一點丁火。雖不能引以爲用。却亦可溫暖寒土。月令亥水。旺而不猛。於財可以任用。但恐水多蕩土。如木火叠出。金水亦所弗畏矣。

(庚申時) 庚申食神得祿。亥乃壬水得祿。旺水再有金生。遂成氾濫之勢。日元戊土。已化爲濕土。去水之病唯土。榮土之氣唯火。如水成方局。或結黨而成嵩崙之象者。作潤下格論。

(辛酉時) 時落辛酉。傷官得祿。月支亥水。見金生而勢成冲奔。日元戊土。寒氣縛束。幾無存在之可能。要有透干得地之印刼幫身。否則當順其旺勢。作從財論。

（壬戌時）戊土通根於戌。壬水得祿於亥。身財兩強。惟以十月戊土。還忌水財高透。寒土之性。且土水各立。比財相爭。須木火並見。木以洩水。火以暖土。斯爲美矣。

（癸亥時）戊土日元。月時雙亥。時干再透癸水。財重身輕。水多土寒爲患。非有雄厚之土。爲之隄防。焉能任此旺財。無火照暖。生機何在。

戊日子月

（壬子時）隆冬寒氣凍凝。土脈塞滯。戊土日元。臨於水旺之子月。時落壬子。水勢冲激。轉使混凝厚重。一變而爲卑濕。須有寅巳戌未等神。方可挽狂瀾於既倒。

（癸丑時）戊坐丑時。不可謂無根。惟丑爲濕土。見水原以水論。月建爲子。時干透癸。自然丑戀於水。而失其本氣。際茲萬物收藏。寒土能毋潰乎、救之之法。喜有帶火之土。或帶火之木。頻來干支。寒濕之病去。身自不弱矣。

（甲寅時）時逢甲寅。殺印相生。日元戊土。妙處全在一寅。寅中藏丙。冬土得火溫暖。分外繁榮。月提子水。見寅則洩。生機不衰。若重見土火。日元愈見發越。頻來金水。格局優轉爲劣。

（乙卯時）乙卯官星得祿。兼有月提子水之生。財官清純。惟木旺總來尅土。官旺身弱。戊虛而孤。要刼比頻見。再有丙丁之火。則木生火。而火生土。愈覺有情矣。

（丙辰時）月時子辰會水。土虛見水而愈寒。時干丙火無根。暖土之力極弱。冬戊以通根爲喜。水財以得地爲忌。今適得其反。是五行配合之無情也。須支有寅巳戌未等神。去水之有餘。輔丙戊之不足。

（丁巳時）戊日巳時。時干再透丁火。土暖而成隄。月令子水雖旺。以不透干頭。可免壞印。冬戊惟喜火溫。愈暖則土之生機愈暢。脅逢金水。危乎殆哉。

（戊午時）戊土並列。時支坐午。氣溫而實。一點午火、誠寒土不離之眞神。乃以月支子水。得時秉令。子午爲專氣之神相遇必冲。冲則旺發衰拔。身主隨之動搖。所喜支有寅卯。則水戀情於木而不傷火。干再丙丁透露。尤妙，也。

（己未時）日元戊土。得時上己未兩刼之助。身主尚不爲弱。月提一點子水被上下厚土包範制之殆盡。冬土雖以水財爲病。而提綱之水不可損。是不顧其體也。刼比叠見。喜有木以疏之。火以暖之。如土氣過重。又喜水來潤澤

（庚申時）申子半會水局。時庚情歸於水。水盛土薄。喜有燥土以實之。使其身財兩停爲貴。冬土逢金。則菁英盡泄。佩印尤屬需要。所以有火便昌。無火則亡。

（辛酉時）時落辛酉傷官之氣極旺。日元旺者喜泄。名爲秀氣流通。弱者惡泄。泄則本身愈衰。月提一點子水見金。則水氣益寒。而戊土愈凍。誠非火土制金去水之神。重重見之。難以更生。

（壬戌時）戊土坐庫於戌。壬水見刃於子。土水雖均。冬土不耐其寒。須有通根得地之火印。動闢高亢之厚土。方可解此倒懸。否則水勢猖狂。仍爲財多身弱。富屋貧人之命。

（癸亥時）亥子氣歸北方。癸又透時助旺。日元戊土孤立無輔。其病在水明矣。去病惟喜刼比之土。所謂一神一用。如干支再見金水。而身主絕無援助者。格取從財反佳。

戊日丑月

（壬子時）季冬戊土。其性外寒而內溫。在此冰雪滿地之候。萬物收束之時。土脈最喜溫暖。故有一陽高透。名爲寒谷回春。戊日丑提。土虛而濕。時落壬子。有丑中辛癸之助。其財土愈被水所困。須有戌未之土以去濕。火印乃調候之眞神。尤不可少。

（癸丑時）月時兩丑幫身。詎知丑屬濕土。冬戊見之非宜。而丑中辛癸同宮。透癸則水寒益增。而日元之生機愈促。火爲暖土之神。土爲去水之準。不嫌其多。獨患其少。

（甲寅時）季冬氣進二陽。火氣漸蘇。戊土長生於寅。丙戊印比藏根。時干甲木。又復通根於寅。明殺生暗印。若丙丁之元神。再透干頭。得見一壬或一癸。反作上命。

（乙卯時）戊日丑提通根。而不以旺言。時上乙木得祿於卯。卯丑緊制。而土根拔。官星雖清。無如身不能任。姑不論木強土弱。其爲寒土寒木。顯而易見。火印調候。爲必需之神。洩木生土。又爲旋乾轉坤之字。跂予望焉。

（丙辰時）戊逢丑辰。刼比同來。日元不弱。時維深冬。寒氣未解。丑辰中分藏辛癸。皆屬濕泥。不足以培土之根。適足以寒土之性。而時干丙火。坐下泄地。一點陽和之氣。又被吸收殆盡。此係用神無力。須有木火助之。格取殺印相生。

（丁巳時）時落丁巳。土賴得暖。有寒谷回春之象。時支巳火歸祿。印比同藏。戊不乏生機矣。凡冬土最喜坐下火地，而最忌亥申等字破之。今以火多水少。故雖丑藏癸水。亦無大礙。若有木生印。更見生色。

（戊午時）天干戊土兩排。通根於時支之午。日元根深蒂固。午爲戊之陽刃。其氣極壯。月提丑土。以有午來照暖。寒而不寒。土氣已實。喜有甲木出干疏之。如見丙丁雜出。反喜壬癸調濟。

（己未時）戊日丑月。時逢己未。重重刼比。塊然不動之象。冬土雖虛。冀衆轉實。火爲解寒之神。喜於柱中見之。如干支復見四庫。而無金水木透干逆氣者。作稼穡格論。

（庚申時）戊臨丑提。寒土也。時落庚申。食神之氣極旺。丑申中皆藏水。寒金凍水。相繼齊來。使日元高亢之戊。變成濕泥。喜有火制金。有土幫身。火土重見。土自病去。而發榮矣。

（辛酉時）月時酉丑會金。刼化爲傷。不應會而會之。是謂無情。時干一辛高透。助長泄氣。日元戊土。愈覺頹唐不振。以金旺爲病。急宜佩印以藥之。重土以補之。如再見壬癸亥子等字。則金泄於水。格取二人同心。即從財是也。

（壬戌時）日元戊土見丑戌。戌中藏丁。而寒土得以溫暖。時干壬水高透。以坐下比肩之地。財星終被奪去。所喜冬土怕寒。去壬反妙。柱中土氣厚實。須有木來疏之。乏木則土頑不靈。更見火透照暖。益覺天衣無縫矣。

（癸亥時）支見亥丑干透癸水。即可作亥子丑北方一氣看。日元戊土。見洋洋旺水。化為濕泥。絕無生氣。除非有戊戊丙寅等字。方可挽此既倒之狂瀾。否則須有壬癸亥子等神。再來干支。格成從財。

己日寅月

（甲子時）正月己土。田園猶凍。所妙寅宮藏丙。用在丙火無疑。有時甲則土靈。有時子則土濕。濕喜干支多火土。以強土勢。見巨水非宜。見重金亦忌。

（乙丑時）丑土陰濕。不能助己。乙木寅木尅土太過。最宜火以化木暖土。支有未戌帶火之土尤妙。木再多。身更弱。水生木。亦可懼。

（丙寅時）兩寅藏丙。丙再透時。寒土自喜丙暖。但最妙略見微水以潤土。或一甲一乙以疏土。一二重金。尚所不畏。多金多水。又非中和矣。

（丁卯時）丁力遠不及丙。但寅卯生丁。木火相生。足以保衛己土。多見火不忌。略有水。小康之象。感金感水。絕對不利。

（戊辰時）土多無火暖之。雖多奚益。水火並見。如雨暘既濟。斯為美矣。有金洩土。土乃靈秀。或甲或乙透而疏土制劫。該顧之命。

（己巳時）寅中有甲丙戊。巳中有丙庚戊。疏土。暖土。化土。助土。諸用齊備。金木水火再各見一二。無冲尅。不太多。總是良厚之命。惟土不宜再重矣。

（庚午時）寅午會火。己土不寒。庚金懾於火勢而無力。若水木見於干支。八字有生機矣。一味火土。頑而不化之人。

（辛未時）寅未中密藏火土。己土不弱。喜辛金之洩化。再見金水。更為靈秀。甲乙透。貴氣增加。火土多則厚重。但不富耳。

（壬申時）壬水傷丙。申金冲寅。皆爲忌神。要有戊土制壬。或午火會寅。方不失清雅富貴。否則江河泛濫。寒薄之命。總之火土愈多愈妙。金水愈少愈妙。

（癸酉時）酉金名爲長生。其實洩氣。癸水之潤土。喜有火暄染。相得益彰。火土儘多而不妨。金水不可太過。有火見木則佳。無火見木。弱不勝尅。

（甲戌時）戌寅中皆有火。甲木透干生火。須水潤澤。徒多火土。略嫌其亢。又名身旺無財。金水並來。財源取用不竭矣。

（乙亥時）寅亥中藏木。乙木時殺甚旺。要有火印化殺生身。辛金制殺無力。不如庚透合乙。不論庚辛。地支有申酉以截之爲妙。水木切忌再多。

己日卯月

（甲子時）二月陽氣漸盛。萬物發生。己土喜甲疏子潤。再有丙火暖之尤妙。甲己雖合。卯月木旺而不化土。微金洩氣。更見土之靈秀。亦財用之無匱乏矣。

（乙丑時）時上乙木七殺。得祿於卯。幸己土得庫於丑。身殺兩健。喜火以化殺。或金以制殺。水財潤土固佳。但須不傷火印。爲主要條件。

（丙寅時）寅卯兩木尅己土。幸丙印化殺生身。最喜金水互見。靈而不頑。潤而不燥。甲乙再透。取丙爲用。水若太多。以木爲用。

（丁卯時）兩卯施壓力於己土更重。自以丁火爲救星。忌癸傷丁。或壬合丁。即地支見水。亦非宜耳。金能尅木制殺爲美。但如有水黨殺。金反爲忌神矣。

（戊辰時）土多更喜木疏。甲乙透干最佳。有水生木更妙。金水並見無妨。祇金無水。或有火化殺。殺弱刼旺。堪虞土再多貧夭必矣。

（己巳時）時上一火一土。皆所以幫身。見甲乙疏土則貴顯。金水財鄉則富有。寧可財官旺。不宜身再強。

（庚午時）己土得午生。庚化卯疏支配殊當。忌干再透乙庚必輸情於乙。狡詐之徒。日主健朗。有水而不礙火者富裕之輩。

（辛未時）卯未會木。時上辛金。要有火土幫身。方為貴命。再見水財。生機更蓬勃矣。若盡是剋洩。貧弱之人。

（壬申時）金水木磐踞三角。身弱之造。全要火土之多。幫扶日元。否則貧夭必矣。若干透乙而支會木局。可作棄命從殺論。

（癸酉時）酉冲卯。癸生卯。地支若見亥或木。則會殺而忘冲矣。然命局之優劣。還以有火無火為轉移。有火而與癸無犯。上命。無火而徒見剋洩。下命。

（甲戌時）甲己。卯戌。皆合。官殺俱絆。平常之命。要水火既濟。小富小貴。傷食去官留殺。或去殺留官。去留清淨。亦非庸流。

（乙亥時）乙透時。亥卯會。木意盎然。殺太重矣。有火用火。有金用金。火金並見。先用火印。水生木。大忌一味木旺則從殺。

己日辰月

（甲子時）甲與己合。格成化土。惟己土卑濕。喜有火暖。凡洩氣之金。破格之木。皆所忌見也。若化土不成。水木為喜神。

（乙丑時）土多喜木疏。乙木七殺。祇宜滋。不宜制。故水木多見不妨。金若不傷木。火若不猛烈。亦屬可喜。

（丙寅時）丙暖土。寅疏土。茲再需要者。水之潤耳。有水兼有金。富卑而聰穎。水不傷丙。富而且貴。土多淤水。用木。

（丁卯時）丁火卯木。亦所以疏暖己土。特力不如丙寅時耳。總宜水潤木制。如水太多。滅火堪虞。所以水少要金。水多忌金。

（戊辰時）土重如山。再多便患崩矣。最喜有金化之。木疏亦宜。但若少數之木。恐土重而木折。要水木並見方佳。

（己巳時）火土齊備。賴有金水木以調劑。水木相生者貴甚於富。金水相生者。富甚於貴。火再多。土易焦。土再多。一貧如洗。

（庚午時）己土當令。又得祿於午時。喜庚金之洩化。若干支見水。謂兒又生兒、清秀極矣。木之疏土亦宜。然須與庚無犯。

（辛未時）土多則頑。所妙辛金洩秀。忌火土再逢。喜金水並見。木制而無力。不如用辛。水木相生。乃可取木。

（壬申時）申辰中皆藏水。壬又高透。偏重於財。己土且更卑濕矣。要火土相聯。幫身除濕。單見火力不敵水。名貪財壞印。

（癸酉時）己土洩氣於酉。辰爲財庫。癸財又透。再見金水。必致財多身弱矣。丙印戊刼最宜。巳午未鄉亦喜。木能尅土。亦閑亦忌之神。

（甲戌時）戊爲火庫。甲己化土更眞。水火潤暖己土。皆有利於化局。金不宜多。多則盜洩土氣。若化土不成。金與木。又爲必要之神。

（乙亥時）乙木七殺。餘氣在辰。又得亥水之生。己土如不勝任。須火印以救之。金雖能尅木。亦洩土氣。有利有弊。可用而不可用也。

己日巳月

（甲子時）己生巳月。火旺之初。原喜陰水之滋。庶與陽火相調和。時臨甲子。疏之潤之。然尚覺水源不足。最喜命逢申金。或辰土水庫以張之。倘見庚金而無壬癸。反爲不利。蓋犯傷官見官故也。

（乙丑時）乙木透於時干。獨殺流清。月支在巳。殺印相生。然因酉丑會半金局。不免木受其制。削弱疏土之功。所以必須干透壬癸。或支有亥子以化之。倘見丙丁。雖可伐金。究非上乘。

（丙寅時）巳月而見丙火。印綬得祿。況丙坐於寅長生之位。杲杲出日。田園將有枯燥龜坼之患。最宜金水兩全。得以調劑。始爲上格。

（丁卯時）己土日主。丁卯時元。偏官偏印相生。但總火盛木弱。除非水木俱透。方爲上格。如多見火土。豈能得志。乃勞苦終身。即使偶爾大運相濟。亦必榮華不久。一現曇花而已。

（戊辰時）生旺之己土。再逢戊辰之時元。刼奪太重。縱歲月有水。亦是虛而不實。無非金發水源。或支見申辰。辰戌冲開水庫。申辰半合水局。乃當別論矣。

（己巳時）己生巳月。再逢己巳。未免火焦土裂。即得水木透出。亦難彌補。良以夏月己土。喜癸水。不喜壬水。癸則怕爲如許火土所熬乾。見乙木疏土力薄。毫不影響於命格。見甲則妬合而牽絆。

（庚午時）午時己日。名歸祿格。按諸五行生尅之正義。時上庚金。雖敗氣於午。究得長生於巳。則傷官未嘗不可爲用。但必須其他之干支有水。乃臻上乘。見火大忌。見木亦雜矣。

（辛未時）火炎土燥。一點辛金無力。丙丁再透。或有午會成南方。窮乏之命。有水而不濟。火亦偪促之士。金水俱多。方爲佳造。

（壬申時）壬水坐於申金。水有源。土不愁燥矣。喜巳火正印幫身。可以任財。若再見官。官印相生。尤爲貴徵。

（癸酉時）癸水得酉金之生。巳酉半會金局。反以有火生土爲榮。蓋火愈旺。愈能顯雨露潤澤之大用也。徒有木。虛名而已。木火相等。其貴乃眞。

（甲戌時）火炎土燥木枯。皆須水潤。壬癸亥子。總爲喜見之神。然有水還要有金。方無涸竭之虞。否則富貴而不久也。

(乙亥時)　亥水生乙木乙木生巳火。財殺印相生。土得木疏火煊水潤。喜有金吐秀生財。但若金重。乙木七殺受制太過。亦非所宜。

己日午月

(甲子時)　己土有甲木之疏。子水之潤。若再干透辛癸。或庚壬尤妙。蓋子午沖。此子水虛而不實也。干支多土則水更涸。多火則甲為火化而助炎。均非上命。

(乙丑時)　丑為濕土可喜。然仍以支有亥子或干透壬癸為貴。金能化土生水。總是恩神。木助火炎。火使土焦。豈宜多見。

(丙寅時)　丙生於寅。旺於午。寅午半會火局。己土焦坼矣。單見金或水。尚不能救此危局。金水並見。或支輔濕土方佳。有木生火則如添油。凶不可言。

(丁卯時)　丁祿於午。卯木再生火。火勢太旺。若有水而無金。虛名虛利。總之。金水不可離也。木火身旺。貧無立錐。濕土多多益善。

(戊辰時)　辰中有癸。再見水則財用豐。見金則秀氣足。多土非宜。恐財被刧奪也。木疏最喜官星明朗。亦富亦貴矣。

(己巳時)　巳午兩火。使己土不燥而燥。喜見陰水。甚於陽水。酉金不如申金。庚辛透天最美。木有助火之嫌。少見為妙。

(庚午時)　月時兩午。庚金被熔。己土日元。亦嫌焦坼。救金救土。總以水為重心。然若干頭虛露壬癸。不如支見亥子為有力。丑辰濕土。熄火而不犯火。尤所喜見。

(辛未時)　己土得祿於午。未中又藏丁己。與上條同患頑燥之弊。一重辛金。自顧不暇。無能為力。故金水多多益善。

・且以並見爲有功火土畏如蛇蠍愈少愈妙

（壬申時）午月己土得時上壬水之潤時下申金之洩如獲清涼劑再見木疏富貴雙全矣身主不太旺而金水支配有情亦富皇安吉之命火土若多小康而已

（癸酉時）〃午月己土得時上癸水亦甘露也酉雖長生而實洩氣又資生癸財秀慧而取用無窮若再年月干透官印且有權勢矣最忌逢未戌之燥土

（甲戌時）己合時甲堂皇而正大忌年月再透官殺透則雜亂無章矣戌爲燥土遙會午火須壬癸亥子以制其炎有水而無金發亦名大利小之輩

（乙亥時）乙木疏己亥水潤己己本得祿於午建財殺身印蓋打成一片如有庚辛申酉之洩身生財而與乙殺無犯者富貴予求予取或見丑辰之濕土亦必財用之裕如

己日未月

（甲子時）未月之己土總屬生旺惟若小暑之後十二天則正土旺用事更爲有力亟需木以疏之水以潤之此甲子時之大用也再見水爲更佳火非必需不如有金生水之爲妙土必不宜

（乙丑時）己生未月未中乙木透露加以丑未之冲則乙木更易脫穎而出最宜水以生之乃可取殺爲用見金大忌見土則地廣而植物愈稀皆所不取如能本命及日坐爲卯尤屬上格

（丙寅時）未月土旺司權不需火再生之以犯母慈滅子之弊金水木皆屬可喜若滿盤皆逢火土則以從旺論反忌一點水木便是貧苦之命必犯痼疾或腎病

（丁卯時）未月己土而值卯時卯未半局已具旺土得木而疏之勢秖可年月見水見木切忌金之剋木火之燥木土之幫身能逢乙癸透干定是權威之士但利不及權耳

（戊辰時）未月土旺用事。不宜再有比刼幫身。大喜金洩水潤木疏。固是定論。但若年月不見財官。而逢印綬之生。同類之助。則當從其旺氣。以較前論丙寅時者更為有力

（己巳時）己日而遇己巳時。又當未月得令之時。生旺已極。且巳與未夾拱日祿之午。斷不能逆折其勢。應作從旺格推。除非歲月天干年日地支盡是水木。庶可取財官為用

（庚午時）未月己土氣勢正盛。喜庚金傷官之毓秀。但要其餘干支有水乃發。無水仍屬平庸之造。最怕者。命逢陽木及火。陰木不妨。微土亦未必為嫌。

（辛未時）日干為己。月時皆未。辛金高透。食神有氣。但若生於小暑後一旬之內。丁火梟神奪食為忌。如年月有水制火。則五行有救。病藥相當。苟其火透。則食神絕對無用。應捨而取水矣

（壬申時）己土日干。雖當旺於未月。亦以此時最易乾枯燥裂。大喜水以濟之。今其壬水下坐於申。為財臨長生。壽命有源。必全富貴。獨畏比刼奪財。最喜金神生水

（癸酉時）己土生於九夏。時處火熖大喜癸水雨露之滋。如地支有卯。卯為震為雷。又為癸之長生。卯酉冲而激發。則大雨時行。雜以雷電。接陌連阡。無不霑足矣。逢金逢水總宜

（甲戌時）未為甲木之墓庫。戌為火土之墓庫。甲與己合。似乎太燥。不能化土。除非地支得值辰土丑土。藉其冲刑。土氣乃動。動則變。變則化矣。否則仍須年月有金水耳。

（乙亥時）未中乙木七殺。透出時干。亥未會而助之。所謂木疏旺土。培成稼穡之禾。四柱仍以有水生木為妙。有火則成殺印相生。惟不可多。雖見金不妨。亦宜少耳。

己日申月

（甲子時）申月己土泄氣而虛。然因金旺水相。故子水財星有根。子申半局。化金為水。以生甲木。必須柱中有火。否

則財多身弱。次官有土。以分其財。切忌再見金水。

（乙丑時）己生申月。乙木透干。是爲身殺兩弱。苟無火以生身。則爲無根之命。然而有火。還須有水。而水則壬不如癸。庶幾財殺印相生有情。而爲名利雙收之造矣。

（丙寅時）初秋己土。虛而不實。大喜得火相生。時逢丙寅。正印臨於長生。母氣殊健。苟再癸水財透。成爲既濟之功。則寅申雖冲。癸能生木泄金。排解傷官見官之弊。自必逈異常流矣。

（丁卯時）己日卯時。適當申月。七殺有制。爲偏官。見丁則成偏官偏印相生。制化俱全。干上再有水。可以泄旺金而資弱殺。尤得中和爲貴之妙。

（戊辰時）泄氣之己土。賴戊辰刼財之助。氣勢一振。申辰半局。化出財星。養命有源矣。然而還須見火。則戊己生氣益然。不可再有金水。削弱火土之力。如其見木。不痛不癢。反非好命。

（己巳時）申月己日。傷官盜氣。喜得己土比肩之扶。巳中丙火印綬之生。倘四柱再能有水。所謂傷官之命。最好財印俱全。一生任何運程。皆無所忌矣。

（庚午時）己日庚時。月令値申。申爲庚祿。午爲己祿。厥名交祿。然考此際金神司權。庚金甚旺。己不如庚。還喜年月有土相助。見火則傷金。不殊削足適履。

（辛未時）己土得未土爲助。以生進氣之辛。辛又乘旺於申。是卽食神有氣。勝財官也。四柱倘再有水土調和。乃必發之造。或云秋令己土。必須丙火。然若此造果其見丙。辛金之氣不完。猶蛇足耳。

（壬申時）申金月令。再見申時。傷官盜氣爲病。乃以干支有火制金爲佳。惟壬水恃兩申母氣之生。有江河直下之慨。恐退氣之火。不能與敵。所以有火。還須有土。制壬耳。

（癸酉時）此與上條壬申時。似相伯仲。惟癸水屬陰。酉金亦屬陰。陰性柔和。水雖盛而不潰決。金雖旺而無創傷。但己土終衰弱。必得火土生扶。方克中和。如其有金水。無火土。則當以棄命從兒從財論矣。

（甲戌時）甲己雖合莫作化氣良以月令在申己土洩弱已甚土虛則空而崩何能使甲木從之而化亦不能以甲木正官爲用至於戊土雖有益於己但爲力不多如得火以相生水以去燥則無間言矣

（乙亥時）孱弱之陰土豈宜陰木之戕賊即云金旺之令乙木有制然因亥水之故金去生水而不伐木所謂貪生忘尅是也是必有賴於火庶幾生其土和其水毓其金一舉而三美備矣

己日酉月

（甲子時）己生酉月名則長生實則盜氣故見甲子財官不任互尅交攻殊不足以爲喜是必天干見丙丁相生而又日坐旺地者方可用取財官耳尤忌陽金十有九敗無火更凶

（乙丑時）己土日元爲酉金所洩丑又會酉弱極不堪而此際之乙木亦臨絕地坐衰鄉不啻殘花剩柳故七殺爲無用不能泥於有殺祇論殺之說也是須水火兩多庶土木皆有生氣

（丙寅時）仲秋己土本質虛而且燥所以宜火生之水潤之固爲不祧之論時落丙寅若其餘干支無水爲之協調亦非上選以知有火無水仍是太璞不完金甌有缺耳

（丁卯時）卯時酉月相冲無情惟此時之己土終喜有丁之相生丁坐於卯是爲薪火之傳俾己土生機不息但卯木七殺終不可用因臨絕地久必斷炊也如其年月有土仍取食神金火弗忌癸水非宜

（戊辰時）酉月而值辰時辰與酉合更洩己土之氣洩然而戊爲陽土幫身之力不殊扛鼎所以身弱用刼繼或以食神之金爲用戊亦喜神蓋食神大喜刼財鄉也四柱獨忌陰火之多陽火不妨

（己巳時）巳火印綬生起己土且是己土之旺氣弱土得己巳生扶則卽水木財官透於歲月亦可爲用然不及年月有金之爲一清到底有精神耳倘能坐丑成局水火透干尤勝十倍

（庚午時）己土秋生時臨庚午土金毓秀傷官佩印但教四柱不逢陽木或再有火定爲大藝術家喜有土金如其

逢水，須消息日主之強弱。強則喜，弱則忌。蓋恐財以傷印，無生氣耳。

（辛未時）　己土日主生於酉月辛未時，己土冠帶在未，辛金干祿在酉，但教不見木火，所謂萬鍾祿食，食神得祿不逢官是也。如見木而有根，則官殺或可用。獨怕見火，則一無可取之廢材矣。

（壬申時）　己日而遇壬申時，原屬財臨長生，奈何生當金旺水相土虛之酉月，身不能任，必得火以生之。然若滿盤金水，則成從財之格，不可再有一點火土，使財勢渙散。

（癸酉時）　酉時酉月，癸水財透，金水相涵，但教己土有力，所以年月有火，則己土有根，財可為用。惟火不可多，以稀為貴。見土雖比劫奪財，因有當旺之金以緩衝，絕不足慮也。

（甲戌時）　肅殺之氣正盛，時上甲木正官決不可用，況乎酉月之己土，亦不生旺，何用木疏乎。仍須火生土助，俾己不空虛，再取當令之食神，能有一點水更佳。

（乙亥時）　酉月之己土，雖曰長生，實非生旺，大喜印綬之生身，故若年月有火，則己土有根，而乙木亦有向榮之機。乙雖絕於酉，究坐亥水生氣之方，絕處逢生，可以用殺。

己日戌月

（甲子時）　戌月之己土，不論土旺用事與否，終為進氣之象。良以戌為火土之庫耳。即使四柱無火，亦自具天地生化之機。所以時逢甲子，財官可用，傷食亦宜，惟庚金終非所喜。

（乙丑時）　乙木墓於戌，己土墓於丑，似皆柔弱，月令在戌，秋木不華，則土氣厚，木氣薄。必須水火並具於柱中，始可以殺為用。有火無水，不能用殺，逢金更甚。

（丙寅時）　己土既生戌月，時元又值丙寅，不但丙火坐寅為印綬臨於長生，且寅戌會局，以助丙火，未免火烈土燥。全憑有水透干，庶可調劑於平。逢水有金更佳，木火土非所宜也。

(丁卯時)　己土生當戌月。戌中藏丁透而生己。卯雖屬木。卯戌六合。此乃生旺太過。以火爲病。以水爲藥。見木則厝火積薪。見土則身旺無依。必得金水相濟。乃可有爲。

(戊辰時)　己日辰時而生戌月。辰與戌冲。土氣活動。益以戊土相扶。生旺已極。必須得木之疏。而又以水輔之。然而太旺之土。逆折不如疏泄。最合金水兩見。始成富貴利達之士。

(己巳時)　日時兩巳。其勢不孤。又有巳火印綬之生。戌土刼財之助。敦厚極矣。土旺則金相。巳中藏庚。戌內藏辛。但敎于透庚辛。再能見水以潤澤之。資產富有。復何疑哉。

(庚午時)　雖云旺土。而庚金有氣。然因午戌會半火局。以銷鑠其金。所以火爲之病。非水多不足以制火而救庚。或則運走北方亦宜。

(辛未時)　時當戌月。戌中辛金食神。透出時干。而己土則有未戌同類之助。合於食神大喜刼財鄉之說。但未戌兩支皆有丁火暗藏。必須有水。以制其丁。方無顧慮。

(壬申時)　生旺之己土。力足以任財。茲則壬水財星。坐於申金長生之上。不媿源遠流長。可卜富厚終身。且必生貴子。不宜有木。以吸收壬水之量。祇喜金以生水。富有千鍾。略見火土者。尚無大礙。

(癸酉時)　戌月癸酉時。己土當令。食神有氣。而財亦有根。最好柱中再見金水。天生富命。如見土。則以金透爲佳。如逢木火。不爲忌。而亦不爲喜。

(甲戌時)　戌月而又戌時。戌乃火土之庫。甲木透而合己。可作化土論。但必須不見金水木乃眞。否則專以金水爲用。惟金水不可太少耳。若年月木多。則當仍用官殺。

(乙亥時)　己土正在當令。原須水以滋之。木以疏之。按乙爲陰木。亥爲地脉泉源。殺得財生。力足疏土。不可再見印綬比刼與財殺相抗。能見金以生水。自不爲忌。

己日亥月

（甲子時）禮記月令云。陽氣閉塞而成冬。則冬至一陽升之前。完全孤陰不生。所以亥月之己土。非有丙火。必爲貧苦之命。卽使見到巳火。巳爲丙祿。因有亥冲。仍爲無用。甲透時上。無丙丁之印。官不爲官。子會亥。非火土多。不足以驅寒扶身。

（乙丑時）亥月己土。水正行權。丑亥拱子。不但無助於己。且助水增寒。乙木雖泄水疏土。亦屬愛莫能助。所以必須丙火。始爲佳造。見丁減等。大怕逢金。

（丙寅時）己土冬生。土衰水旺。若無丙火。則霜雪載途。田園凍結。妙在丙火正印。下坐長生之寅。而寅與亥合。俾能一派陽和。春回寒谷。官印相生。氣象最純。

（丁卯時）冬令寒土。非火則生氣索然。丁雖陰火。不及丙火太陽之普遍溫煖。然因丁有卯生。亥卯半局。生起丁火。猶花棚之生煖氣爐。己土亦有生意矣。四柱忌見金水。而火土不厭其重。

（戊辰時）己土得戊辰之助。在水旺之亥月。似乎身財並茂。然而辰雖陽土。却是辛壬金水之庫。終須火以散其寒。土以厚其勢。身弱用刼。故以見木爲大忌。亦不喜金水。

（己巳時）己土弱元。得己巳時。所謂輔之翼之。匡之直之。有何不喜。但巳火爲亥所冲。財以壞印。名利皆空。惟有年月透丙。印綬得祿。或透戊土。制亥方爲佳格。

（庚午時）亥月之己土。水盛而土弱。時逢庚午。庚生水。午生己。雖似勢均力敵。終覺土不及水之生旺耳。所以干支有火爲妙。有土幫身亦佳。木則可有可無。而金水斷不可再見。

（辛未時）亥月見辛。金寒水冷。雖時遇未扶助己土。祇因亥未半會木局。徒然尅制虛弱之土而已。須年月透火。庶木氣生火。土不受尅。且因火印有根。生身爲美矣。

(壬申時)己本濕土。月令在亥。亥爲壬水之干祿。時落壬申。申乃壬水之長生。水冷金寒。己土毫無生氣。如再年月見水。應作從財而論。否則必得丙戊當頭。乃爲好命。

(癸酉時)己生亥月。濕土將凍。再見癸酉時。元增其寒水之氣。身弱已極。必須火以相生。俾可冰融凍解。土來幫扶。在理亦喜。然萬物蓄藏。有火則生。無火則死。仍視火之有無爲高下耳。

(甲戌時)己土日干。亥水月令。亥中藏甲。透時財官有力。時落於戌。中藏火土。足以生扶。但須干頭得見印綬者爲貴。庶甲木生火。以通其氣。己土束縛消鬆。火再生己。有息息相生之妙。

(乙亥時)亥爲木之長生。中藏壬甲。時再透乙。一派水木。互相攻尅己土。最弱。既無尅水之力。致水去生木。又受乙木威脅矣。見金衹能助水。未能伐木。惟遇火土。遂爾化戾氣爲祥和矣。

己日子月

(甲子時)己土氣絕於子。子月而又子時。重重寒水。己土沉浸其中。而成泥淖。甲雖大木。亦必腐蝕根株。不能生存。所以有丙則發。無火則敗。良以太陽之力。可使水煖土乾。而木得向榮。大忌金水再多。

(乙丑時)己坐子月。時逢乙丑。子與丑合。可喜財星被合。但孤陰不生。還須仰賴陽火。而乙木七殺。亦克寒梅著花。以成殺印相生。殺不宜制而宜化。故見金反爲累。

(丙寅時)子月之己土。正臨絕地。得丙寅時。印臨長生。以生弱土。而散嚴寒。乃飛騰之命格。因有丙火。故不忌木。而獨忌水。蓋猶雨雪載途。陰寒彌盛。白日無光矣。金亦弗喜。

(丁卯時)己土生於子月。生意毫無。幸得丁火相生。寒水之威稍解。而卯木泄其旺水。生其丁火。亦非平常之造。但敎年月再有木火。不可有金水之忌神。苟有金水。則薪傳易熄。濕木生煙。火力反減。

(戊辰時)仲冬之己土。休囚無氣。宜比刼以扶持。然此際地坼天寒。即戊土亦何嘗有氣。況辰乃水庫。子辰半局。

祇足增進寒水。必得年月有火。庶戊己之土。轉出生機耳。

（己巳時） 己土日元。時逢己巳。比肩扶之。印綬生之。已可返弱爲強。四柱再有火土。則身旺財豐。必是富貴之造。卽使略見一點金水。亦無大患。惟怕金水過多。己不能敵耳。

（庚午時） 己生子月。而値午時。一點午火生氣。爲子水所冲破。再有庚金。以資當令之水。濕土愈寒而凍。必得年月透出丙丁。銷燬庚金。始爲上格。倘無火生。而遇金水。非貧則夭。

（辛未時） 仲冬己土。例尊生扶。今則時逢辛未。辛金生當令之水。未土助休囚之己。似乎銖錙悉稱。不知己未二土。原無力量。何堪辛金之泄。而水因辛金更旺。惟賴有火。庶免軒輕。若四柱別無火土。乃貧薄之命。

（壬申時） 己土生於子月。財多身弱。又時値壬申。壬水長生於申。乘旺於子。申子會而助壬。大有水勢滔天。入北冰洋而不見寸土。卽使年月火土。亦難爲力。反不若滿盤金水而成棄命從財耳。

（癸酉時） 癸爲陰水。以喻雨露。在此冬令。則爲冰雪。月令之子。乃癸水之祿。一點己土。烏能勝任。最喜戊土奪財。且戊與癸合。化無情而爲有情。丙火雖喜。尙遜戊土一籌。

（甲戌時） 己土而遇戌時。戌爲火庫。地下之氣轉溫。子水之勢稍殺。然若餘柱無火。則甲木有制土之嫌。有火則甲木生火。而火又生土。成官印相生之格矣。大忌見金。陽氣尤畏

（乙亥時） 子月水旺木相。己日乙亥時。水木太過。日主弱甚。必得火土之力。以生以長。方能用取財殺。倘若見金。則水力更增。而乙木未必就範。故寧可無金而有火土也。

己日丑月

（甲子時） 丑月己土。縱在土旺用事。亦不多生氣。而以金水爲忌。按子時雖與丑合。但總水之成分多。土之作用少。甲雖與己合。亦隨流隨凍。全憑丙火太陽當空。將藹素之瓊境。改爲融和。則土與水木均有生機矣。

(乙丑時)　丑月丑時。己土一再投墓。其氣滯而不流，一片冰天雪窖。時上之乙。似乎一草一木。點綴其間。究竟看不到任何生意。惟有干支之中。再見木火則如歲寒之友。一時絢爛。亦未嘗不可用殺金水總屬大忌

(丙寅時)　丑月己土。日元投墓。所謂少年不發庫中人是也。時值丙寅凍土得火而融。旺土亦以寅木而有生意。不宜再見金水。以免木火受制。不能發揮效用。尤怕壬水申金。故若壬申俱備。福祿如一現曇花。

(丁卯時)　季冬之己土。卽當令亦不能顯其本能。茲有丁火生之。卯木生起丁火。偏官與偏印相生。固有爲之造。年月還須木火並助。不可柱有金水以爲之梗。良以丁火卯木原非生旺耳。

(戊辰時)　己土生於丑月。如在小寒後十二天之外。則正土旺用事。不必戊辰刼財之助。惟在大寒未交三天以前。尙非土旺。則戊土可以爲用。然辰爲水庫。必有丙丁透干。則戊己有力。大忌見木。金亦弗宜

(己巳時)　三冬己土。理要生扶。己巳時元。似可相生爲助。然因己丑會半金局。以洩入墓之己土。故丙丁之生。最爲迫切而需要。金水木削弱己土力量。少見不妨。多見非宜。

(庚午時)　以丑月入墓之己土。得午火梟印日祿之相生。固具相濟相成之妙。但午火亦墓於丑。不啻鏡花水月。必須歲月之上。有火有木。方切實際。否則卽行火運。亦猶掬水月在手。一時歡喜而已

(辛未時)　丑月而遇未時。丑未對沖。墓庫大抵宜冲。因之己土日元。便非少年不發庫中人之例。且因地氣冲動。比肩爲助。不愁辛金食神泄氣。惟若四柱再有陰水及火。則身財尤爲美備矣。

(壬申時)　季冬休囚之己土。金水理所弗喜。況以壬之陽水。下坐申位長生乎。卽不將土冲刷無餘。亦必將己土凍結。祇可棄命相從。則以餘柱不見火土爲的。如透火土。反感財重身輕。

(癸酉時)　己土日主。時逢癸酉。丑中癸透。酉丑半會金局。以生癸水。成食神之生財。而己土力薄矣。經謂食神身旺則喜財。身弱則喜印。矧在寒冬。火不可少。故以丙透爲貴。透丁須有木以生之。亦不失榮華之命

(甲戌時)　甲與己合。所謂合官星不爲貴。時爲戌土火庫。以溫煖其己土。生意自足。得火而有甲木之生。定必權高

位重偏見庚金。滾倒偏促矣。苟逢寅午以會局。或得未土而三刑。皆能煥發。

(乙亥時) 休囚之己土。時逢乙亥財殺。理可從殺棄命。切忌火土透出。以致棄而不盡。若見金。七殺之力減削。除非年月皆火。則殺印相生。亦清純可貴之命。

庚日寅月

(丙子時) 庚金生於寅月。乃絕氣之鄉。再落子時。又為水地。卻無丙火之殺。亦已失令無氣。故喜干支有土相生。或見金幫助。如見陰火。則官殺混雜。見水則木愈盛。庚金愈弱矣。甲戊兩透。威福絕倫。

(丁丑時) 初春之金。原喜土生。餘寒尚在。則喜火溫。所以寅月庚金。時逢丁丑。的是貴命。丑雖屬土。却是丁火。庚金之墓庫。故最好見未冲之。或透己土相生。忌水滅火。見木無妨。

(戊寅時) 寅月又值寅時。庚金之氣太弱。然而寅中藏戊。透而生庚。亦未見其財多身弱。最怕甲木透干。以傷戊土之母體。水亦不喜。因貴旺木且泄衰金也。金縱奪財。財旺而多。不足患也。

(己卯時) 初春之庚金。大喜陰土相資。以成絕處逢生。然己坐卯上。干為支尅。己土脚地不堅。是須年月有火。以生己土。但綿財旺。更能參雜一點比劫之金。則勝見水百倍。

(庚辰時) 庚金日干。時值庚辰。得比肩以扶身。梟印以生氣。雖當寅月絕地。已能返弱為強。所以年月之上。得以甲丙兩透。為最純粹。萬里扶搖。非凡命焉。

(辛巳時) 寅月庚金。原臨絕地。好在時為辛巳。不但辛金相助有情。且巳為長生之地。此係絕處逢生。但願柱中再有木火。定可飛黃騰達。見水不畏。逢金不喜。

(壬午時) 庚生寅月。木旺火相。時逢午火。寅午會局。衰弱之庚金。未免盜而生畏。但因午上有壬。足以駕馭。不致燎原。况初春猶寒。固宜有火溫煖。惟庚金之弱。非有土金生扶不可耳。

(癸未時)　春月庚金弱而宜生。今得未土相生。原爲所喜。至於癸水傷官。泄弱金生旺木。似乎疣贅。但癸坐於未爲自墓。緩盜氣而弗重。苟再年月。火以煖之。及土金生扶之。則大佳矣。

(甲申時)　庚生寅提甲申時元。庚祿居申。甲祿到寅。金木並能通根。可謂身財兩茂。但此際木盛金衰。終喜土來相生。不喜比刼奪財。見火則庚金更弱。見水亦非所宜。

(乙酉時)　庚日而遇乙酉時。乙與庚合。酉爲庚旺。雖不能化金。究財來就我。月令在寅。金衰木盛。有土生金。則力能任財。不宜見水。以免衰金被泄。旺木被生。仍成財多身弱。富屋貧人之象。

(丙戌時)　庚金日主。戊土時元。雖云土以生金。無如戌爲火庫。寅戌會成半局。時干又透丙火。生當寅月絕氣之庚金。大可棄命而從殺。如柱有水土。便不作棄命論。而殺重身輕。以印比爲宜矣。

(丁亥時)　庚生寅月。木旺火相。時見丁亥。寅與亥合。又生丁火。是卽財官太旺。天元羸弱之徵。必須歲月之上。土生金助。或則日坐辰戌申之地乃濟。

庚日卯月

(丙子時)　庚金生於卯月。木盛金衰。再有丙火之制。子水之泄。子水再生卯木。財愈旺而金愈鈍矣。是必有土相生。乃成上選。柱中不可再有木火或水。若逢比刼。自收扶助之功。

(丁丑時)　庚生卯月。時上透丁。木以生火。財官有力。妙在時臨於丑。正印生身。此乃財官印相生之佳格。歲月逢土。金弱不忌。但若土多。反恐金埋。必須木以疏之矣。

(戊寅時)　庚金胎於卯。絕於寅。大喜戊土之生身。其餘干支。如再有土。恐庚金埋滅。則須有木以救之。苟無土金。則木火斷不可用。以犯財官旺處則身傾之弊。水亦不喜。

(己卯時)　卯月卯時。財星疊見。庚金日主。雖有己土正印之生。而犯財多破印之病。必須有火生土。庶己土有根。然火不宜多木更可慮。最好得比刼之金方能中和。

（庚辰時）仲春之庚金原非生旺。然逢庚辰時元。輔之育之。反弱爲強。年月再見木火。但殺不過分。亦爲富格。如木火重重。則此時之庚辰原不強盛。仍作身弱論也。

（辛巳時）庚金值辛巳時。巳爲庚金之長生。辛乃同類。似乎身強。不知卯月之辛金。正當絕地。何能相扶。巳火之長生究爲尅氣。焉得有情。所以仍須見土方妙。

（壬午時）卯月庚金木氣正旺。時逢壬午。壬水生當旺之木。午火有旺木之生。庚金無力。必須印綬之土生之。比刼之金助之。不可再見水與木火。

（癸未時）未爲庚金冠帶之鄉。日令在卯。雖居弱地。未土時元足以生之矣。癸水雖恐生木助財。幸而自墓。水不爲忌。但殺餘柱之中。雜以土金。終爲富造。倘庚坐辰申戌三支。雖木火亦不妨矣。

（甲申時）庚日申時。時歸日祿。日元通根。即生卯提。亦不爲弱。但甲木財透。正値旺鄉。較量重輕。猶是金不及木。宜可生扶。不喜財官。水神洩身生財尤忌。

（乙酉時）卯月酉時。日元爲庚。卯酉六冲。羊刃出鞘。庚雖歸旺於酉時。奈乙木亦透。財來相就。乙祿於卯。財更通根。三春之草。剗盡還生。最好水土並見。則水潤巳刈之根。土殖不強之金。

（丙戌時）庚生木旺火相之時。丙火七殺獨透。卯木生其丙火。戌土資其庚金。惟卯與戌合。丙火勢熾。庚力較衰。苟年月無土。秪可棄命從殺。

（丁亥時）庚日卯月時逢丁亥。亥卯會木局。以生時上之丁。固爲火煉庚金。必成利器。但若五行無土。則有火而無爐台而難成。土爲必要之神。若柱有比刼。不過略分財力。無大效也。木火大忌。水亦無益。

庚日辰月

(丙子時) 庚金生於辰月。已具進氣之象。然尚不宜火尅。所以時上丙火七殺。有弱金受制之嫌。時逢子水傷官。與辰土會成半局。似可遏制丙火。蘇息庚金。雖然丙火稍斂炎威。而庚金終被泄弱力量。故須木土並透。俾庚丙互有所乘。

(丁丑時) 庚生辰月丑時。金得兩土之生。祇因辰丑皆爲寒濕之土。生氣不足。故喜丁火。煖其土。冶其金。乃成豐城利器。還須有財以生官。透印以生身。財印兩全。富貴可操左券。

(戊寅時) 庚金生於暮春。辰中戊土透露。生氣自足。況戊坐寅上。印臨長生。如在清明十二天後。更其土旺金相。有得天獨厚之象。故爾不妨見財。但財不可多。如見火則生旺土。亦所弗畏。金與水可傲睨之。

(己卯時) 季春之庚金。猶喜土來卵育。時上透出己土正印。正當旺令。猶慈母育子。洵足恃已。然宜年月有火。則母體更健。良以己坐於卯。正印自臨受尅之地。非得火之泄木生土不可。再有水木。便成下格。

(庚辰時) 生於辰月之庚金。又值庚辰時。兩庚兩辰。類聚有情。相生有氣。須得木火財官爲妙。如無木火。干頭透水。可作金水傷官論。以辰爲水庫故也。倘木火水全無。年月重見土金。則是身旺無依。孤寒之造。

(辛巳時) 庚金既得月令辰土相生於前。復得時上辛金幫身於後。巳火雖爲尅氣。却係庚之長生。終屬身旺。可以時上七殺爲用。如能丙火透干。則丙祿於巳。殺通於根。丙與辛合。合殺爲貴之命也

(壬午時) 庚金日干。時逢壬午。月令建辰。金水火土。春色平分。毫無輕重。土旺之金。宜火煅之。壬臨午上。火力不強。是宜再見財星。以生午火之官。而泄壬水之氣。見土亦佳。但必一生勞碌矣。

(癸未時) 庚金而生辰月未時。如在土旺用事。未免土厚金埋。辰中癸水雖透。如年月無財。則癸水不起作用。必要干頭見木。則木賴癸生而力足。始可疏其旺土。而庚金以顯。大忌再見土火。與金亦不喜。

(甲申時) 庚日申時。通根有助。兼逢辰月。梟印生身。日元強而喜甲木偏財。或謂此際土旺。甲又自絕於申。不知五陽絕處。即是生機。借曰不然。終在春令。即使土旺。而木氣未衰。況復申辰會而生甲乎。獨忌見金。

（乙酉時）辰中一木。透於時干。下坐於酉。乃眞臨絕地。好在三春。苗雖刈而根不拔。正財可用。乙與庚合。財來相就。因非秋月。不能化金。柱中不可再見土金。見火財滅。見水財增。

（丙戌時）庚金而遇丙戌時。七殺透而自墓。喜得月令在辰。與戌相冲。其庫以開。而庚賴辰戌之資。不算身輕殺重。如有傷官食神以制之。定必獨權獨斷。一世光榮。見木宜少。土金不忌。

（丁亥時）庚乃頑鈍之金。又在辰月旺土之時。必得丁火之煅煉。方可鑄成太阿之利器。亥中有甲木以生丁。不致官星受傷。最宜干透木土。木則泄水生火。土則生金斷木。成大富貴。亦壽考之命矣。

庚日巳月

（丙子時）庚生巳月。雖係長生。究是火旺之初。金不爲堅強。時上透丙。丙火得祿於巳。繼云丙不鎔庚。終嫌尅制。最宜有土相生。有水制殺。必掌政權。大忌木來泄水資火。則爲貧夭之命矣。

（丁丑時）丁乃後天之火。力足鎔金。況又庚生巳月。丁火乘旺。超於庚金得長生之資。幸賴丑時。丁納於爐灶之中。己丑半局助金。如見水則曲突無烟。如得木土兩透。則丁火官星與庚金日主。無不生氣勃如矣。

（戊寅時）庚金日主。巳火月令。巳爲戊之祿。庚之長生。且戊土亦坐生於寅。庚金頗有生機。然寅木財星，亦是火之長生。以致燥土不生。必須得水潤之。方有活氣。柱中無水。便爲下格。

（己卯時）巳月庚金。火旺土相。己土透干以生金。卯木在時以生火。中和爲貴。金木火土。各行其是。喜再有壬癸以濟之淬之。所謂羣金生於夏。妙用玄武是也。倘見甲乙。則印綬受制。生氣索然矣。

（庚辰時）庚日庚時。枝連同氣。生當巳月長生。辰土印星得祿。係身強之格。所以見木定爲富人。見火當爲貴客。木火皆余。輔以一位之水。則必立業建功。榮華絕頂。

（辛巳時）庚日而生巳月巳時。火力多。生氣少。剋而不純。雖有辛相扶。然區區之陰金。爲助綦微。終不能作生旺看也。故必水土並透。庶太剩之火有制有晦。不旺之金有生有救矣。

（壬午時）庚日午時。月建在巳。官殺混雜。幸賴壬水食神將七殺遙爲制伏。惟尚嫌水源不足。蓋壬水絕於巳。氣乘不強弱。庚又不能使壬水發育健全。故以見比劫爲上。

（癸未時）庚金長生於巳。冠帶於未。不爲無氣。即云火旺土燥。幸有癸水以和之。不可再多火土。惟若見土而又有木。癸水可以保全。則亦無害。蓋此條之關鍵。全寄託於癸之一水耳。最宜者。或比或劫也。

（甲申時）庚金得祿於申時。通日氣。甲雖自絕於申。在夏初正値暢茂而條達。自能有助於月支之殺。加以巳與申合。合殺勝於制殺。故可用取財殺。且身殺兩強。財權並盛必矣。祇可見水生木。不宜以金伐木。此著不可忽。

（乙酉時）乙與庚合。時酉爲庚之旺鄉。巳雖屬火。會酉成局。倘再支逢丑土。而柱中不雜一些木火。則是化金之格。而作名公鉅子。若再見木火。總是身強喜財官。亦非薄命。

（丙戌時）巳月庚金。魁中有生。時逢於戌。戌爲火之庫。而實土之本質。亦魁中相生。不料丙火高透。雖陽火不能鎔金。但終嫌熾烈矣。須得玄武之水以相解。大怕木透。不啻助桀爲虐。

（丁亥時）庚日而値亥時。逢巳火。巳亥交沖。火愈沖愈旺。水愈沖愈衰。丁火適値旺鄉。亥中藏甲。又在暗中泄水資火。大有星星之火。足以燎原。庚被鎔解矣。欲其凝而不流。端非水土之力不爲功。

庚日午月

（丙子時）庚金生於午月。火勢正盛。又得丙火七殺透干。庚愈力弱。雖時逢子水。與午交沖。但猶水不抵火。必須傷食高透。輔以比劫。則庶幾耳。或見己土生庚。殺印相生。更有權可振。

（丁丑時）午中藏丁。丁逢時元。正官得祿。火煅庚金。若非丑之濕土生金。則庚金難成利器。然須年月食傷印綬之並見。方爲饒秀之命。大怕木生旺火。

(戊寅時) 庚生午提。時臨寅木。寅午會局。火土旺相。似戊土可生庚金。然焦烈之陽土。實不足以生金。反有埋金之慮。最好柱中有木疏土。有水濟火。有金比助。

(己卯時) 午中藏有己土。生庚金日元。時爲己卯。成財官印三寶。然而較量輕重。終嫌火旺。而財被火泄。必須有水透干。則財既有根。火亦稍殺。而爲尊榮安富之命矣。

(庚辰時) 庚乃頑金。必需火煉。生午月固足銷鎔之而成器。然因時値庚辰。土金生扶。使庚金無身弱之嫌。轉覺火候不克純青。故以年月逢木爲佳。有木不畏水。但不喜再多印刼耳。

(辛巳時) 庚日巳時。生中有尅。辛金屬陰。助力不強。庚金未爲生旺。喜有印以資之。與傷食之制火者爲妙。不合見財。恐長官殺之焰也。

(壬午時) 庚生午月。又値午時。兩火一金。勢不相稱。妙有壬水食神。與火相調。大忌戊土奪其秀氣。而己土則反爲所喜。因己爲陰土。得祿於午。晦火生金。故也。木不宜。金則喜。

(癸未時) 庚日未時。未與月令之午相合。官印相生有情。然而未土位在南方。中藏乙木丁火財官。因而火旺爲忌。則癸水在所必需。是宜與有金。以扶投墓之癸。而以木之泄水生火爲大戒也。

(甲申時) 午月火旺之候。再有甲木生之。本屬財官旺而日主弱也。喜其時落於申。時歸日祿。庚金遂爾弱而弗弱。甲絕於申。死於午。朽木難雕。非有癸水。未免財星無根。畏比肩之奪財。宜傷食以解之。

(乙酉時) 乙與庚合。財來就我。雖不化而終有情。乙木長生在午。而午火亦賴乙木之資。時臨酉位羊刃刼財。最喜壬水生木。又與午合。乃巨富之格。

(丙戌時) 庚金日干。見丙火。固不致金被銷鎔。但因戌時燥土。不生庚金。且係火庫。會午成局。夏日生爐。究屬可畏。見陰水尚不能濟。非陽水不爲功。此格最怕有財。然若滿盤木火而無水土。則當以從殺論矣。

(丁亥時) 丁火得祿於午。時方九夏。固足鎔金。好在亥水時元。以成旣濟。俾庚金不致受尅太甚。最好年月有陰土生庚。與比刼生亥。定必學優則仕。而致高官厚祿也。

庚日未月

(丙子時)　庚金誕生未月。九夏鎔金。再遇丙火。殺重身輕。金賴子水之濟。其火未土之生。其金遂能全其中和。柱中見金幫身。見土生身。見水制火。皆爲所喜。獨不宜再有木火。如巳土王用事。則財官非所忌憚矣。

(丁丑時)　庚生未月。未爲財庫。時臨丑位。丑乃庚庫。丑未六冲。財庫大開。况未月土旺之成分爲多。原喜冲動。俾燥氣活而生金。因而時上丁火一官獨秀。確是命中瓌寶。略有一點水以潤之。木以生火。名利雙輝之人。

(戊寅時)　未月庚金。母氣正旺。盡以戊土自坐長生。透出干頭。尤有土厚埋金之弊。而燥土不生。印綬有名無實。所以必須水以濡之。木以疏之。時上之寅雖太貧爲木。但係火土之長生。故尚宜別見水木耳。倘再見官印。埋沒終身矣。

(己卯時)　庚金生於季夏。未中己土透而生身。五行土較厚實。喜有卯木正財。乃卯未半局。以疏旺土。不忝富命。切忌官印之透。惟喜傷食之生財。

(庚辰時)　日元庚金。既有當令之未土爲生。巳非衰弱。再逢庚辰。以助旺相之土金。遂犯太過之嫌。乃水與木火。最所企求。然雖得火煉金。未能禁火不去生土。故弗及水之泄金。木之制土。爲更有益耳

(辛巳時)　庚金日主。時臨辛巳。辛爲同類。巳係長生。月令在未。乃値正印。一派生扶。病在太過。然見官殺之尅。則惡其燥烈。宜乎得水相濟。而木透干頭。庶幾五行搭配。八穩四平耳。

(壬午時)　未月旺土司權。庚金得秉康健之遺體。原宜一面煆以火。一面淬以水。庶干將莫邪。新發於硎。壬午時元。原少可訾。但猶須金木之互見。成大名立偉業矣。

(癸未時)　月時皆臨於未土正印。雖屬陰土。惜其燥性。喜癸水傷官之透。雨露潤濕。燥性去而生氣顯。如能柱逢乙

卯。雖不能成雜氣財星格。亦是財得根深印得華之造。名利過人。切勿有火。恐生土而礙水。致有軒輕不均之弊。

(甲申時) 季夏庚金本屬有根。況時臨申位得祿通根乎。身強則喜財。甲木原是喜神。然因甲木自絕於申休囚而不生旺。非有傷食之水以生之。則一點財星。眞有名而無實矣。

(乙酉時) 庚金日主。既有月支未土之生。更有時下酉金之助。身強之命。必須互尅方妙。茲其時上乙木。透自未土提綱。財星可爲我用。歲月之間。有水或火均屬喜而不忌。祇怕印與比刼耳。

(丙戌時) 庚生九夏時逢丙戌。天干如火傘當空。地支猶洪爐鼓鑄。使庚元鎔成金汁。凝結爲難。是以殺重火多爲病。惟有柱逢陽水。始爲對症之良藥。陰水力猶不逮。木火則爲大戒。

(丁亥時) 未中丁火。透出時干。厥名雜氣官星。亥中納甲。丁火賴其暗裏相生。官星有氣。庚得未生亥潤。亦屬有氣。此乃火煉庚金。必成大器之命。四柱比刼弗忌。木火無妨。大喜得水以及濕土。

庚日申月

(丙子時) 庚金生於申月。名建祿格。根通氣旺。時干露丙。獨殺流清。子水傷官。制伏兩殺。可謂抒配得當。但時值金旺水相。子申會局。不免制殺太過。必須有木泄水而生火。方是有爲之命。如見土而成殺印相生。便減色。蓋因土能晦弱火。又生當旺之金也。

(丁丑時) 書言建祿生提。財官喜透。茲則丁火官星透出時干。似足化頑鐵而成精金。惜乎丁火自墓於丑。雖成官印相生。究以火衰易晦。必須歲月見木。則丁火有根。且土被抑矣。尤喜透甲合建祿財官之旨。更以庚劈甲。甲生丁。丁煉庚。三物俱備。相制相成。爲第一等命造。

(戊寅時) 庚生申月而值寅時。戊土得遇長生。犯生旺太過之嫌。寅乃財星。建祿所宜。然如寅申交沖。根株受傷。故必年月干頭。申中之壬。寅中之甲。水木並顯。方妙。苟無水木而見官殺。便非上選。大忌見金。定爲貧命。

(己卯時)孟秋庚金。氣勢正銳。不宜再來己土正印。而喜木火財官之魁。雖時臨卯木。終覺獨木難支大廈。必也年月干支水木配合。乃能財星有根。而爲富命。倘木火兩全。富貴絕頂。

(庚辰時)日時均是陽金。生初秋申月。比肩既重。不宜再有土金生扶矣。奈何時臨辰土再生金。終有太過之慮。必須歲月透壬。則爲金清水秀。再能以木配之。定以藝術文學自由職業而致鉅富也。

(辛巳時)庚爲頑金。時透辛。月支申一派比劫太旺爲病。幸時臨巳火尅氣。但敎丙丁能露。可許必發。苟見一火而輔之以木。亦名成利就。此蓋金多爲病。以火爲藥。有病有藥。爲可貴也。

(壬午時)申月庚金。質堅而勁。時臨壬午。固是火以煅之。水以淬之。書謂金多金光。以有壬水涵濊。不患比劫之再見。然因與午中之丁相合。有情火力式微。總須干支之間。有木以生其火。方顯妙用。大忌陰水。即不成器矣。

(癸未時)亦初秋建祿之庚金。蓋以未土印綬相生。更爲強健。原喜木火之互尅。與壬癸之相泄。今得時上癸水傷官。以泄方盛之陽金。應不忌而甚喜。祇因癸水自墓於未。水力微薄。所以忌火土之多。多則雖英雄而用武無地矣。

(甲申時)庚金日主。月時均値於申。所謂祿多不貴。而況甲木財星兩逢絕地乎。是必干逢壬癸。庶幾泄旺金以生弱木。爲白手興家之造。至於以火制金。削弱比劫之力。使財得蘇息。但財弱不勝火泄。又低乎見水一格矣。土金大忌。犯之必一世赤貧。而嘗假富之痛苦。

(乙酉時)乙與庚合而生申月酉時。區區一點陰木。勢不能與成羣之金相抗。惟有伈伈俔俔。低首下心而相從。如能不見火。乃化金之眞。飛黃騰達無疑矣。見火仍喜財官或傷食。

(丙戌時)月建逢申之庚金。堅剛無比。時逢丙戌。戌雖庚之母氣。但係火庫。不殊爐灶。生中未嘗無尅。得丙火之顯露。乃身殺停匀之格。柱中祇可見水與木。則七殺既有所制。復有所生。見火則雜。見土金則殺弱而無用矣。

(丁亥時)建祿喜見財官。乃不祧之論。所以庚生申月時遇丁亥。亥乃木之長生。雖本質屬水。却有生起丁火之效用。況丁亥干支五合。原屬有情乎。苟年月有木。尤爲盡善。如見陽土陰水。必其勞碌無成。金之忌見。固盡人知之矣。

庚日酉月

(丙子時) 庚金生於酉月。值旺氣逢陽刃。必要官殺之火。始能相制相成。茲其時上之丙。固所需要。時元之子。雖屬於水。而不致傷及丙火。似亦無礙。但時令金旺水相。火勢退化。還當見木以輔之。不可有金之幫身。土之生金與水之尅火。

(丁丑時) 酉月之庚。堅實無比。所以同一火也。與其見丙。不如見丁。蓋丁爲後天之火。足以銷鎔頑強之金。但丁火助丑未見有力。酉丑又會半金局。殊嫌太過。則柱中大喜木火之扶植。陰水最忌。土金不宜。

(戊寅時) 酉月爲庚金之旺鄉。不合見土以相生。所以時干戊土。乃其病神。土既爲病。則木爲對症之藥。時支寅木。應作喜神矣。不知地支之寅。不純。寅爲戊之長生。尅中有生。必也甲木透露。則身旺任財。財通於根之富格。比刼大忌。見火則當以官殺爲用。

(己卯時) 仲秋陽金。非木火不爲功。固千載之定論。所以時支卯木財星。允屬瓌寶。無如月支在酉。將卯冲破。區區之財。刼奪殆盡。而當旺之金。又有己土以資之。庚金愈旺。是必餘柱有火制金。有水生木。再透甲乙。始是金剛木弱。商賈致富之造。

(庚辰時) 酉月當旺之庚金。再遇庚辰時元。比刼重重。又有土生。生旺極矣。倘柱中並無木火。則應從其旺氣爲斷。切忌火之逆折。見木火。仍以財官爲用。辰中藏癸。但歡透壬或癸。必是秀發之士。或見亥子亦佳。

(辛巳時) 庚日巳時。七殺值長生。生中有尅。而亦尅中有生。巳酉會局。以助辛金之刼。似與上條從旺相等。不知子平之理。有殺終以殺論。故宜丙丁透出。輔以甲乙之木。不必水來制殺。始是有作有爲殺刃相濟之好命。

(壬午時) 以頑鈍之庚金。生當酉月。愈覺堅實。妙在時逢壬午。挹江流以磨洗。鼓洪爐而銷鎔。水火兩不相礙。而並可喜。但若柱中無木。則火候不純。故尤以有木與否。爲評論價值之低昂也。大忌有土。則火被泄而水被塞矣。

(癸未時)　庚金冠帶於未。生意自足。再逢酉月氣盛之候。誠屬銳銳爲奇。未中乙丁財官暗藏。而癸水可生乙木。倘得財官再透。富貴無疑。印綬比刼。仍以迴避爲良。

(甲申時)　庚金日干。時臨申祿。月坐酉刃。比刼奪財。財透亦無所用。況甲木絕於申。氣弱已甚乎。所以即有火以魁金。亦有權無利。惟得水生財。或財多則短中之長。先貧後富。

(乙酉時)　庚生酉月。又值酉時。羊刃重逢。命硬已極。時干乙木。臨酉絕地。遂爲環境所化。不能獨立。故是乙庚化金格也。但若再見甲乙寅卯。則爲財弱身強。有火則化金格破。而以官殺爲斷。欲其化格之成。端須僅有土金兩者。

(丙戌時)　仲秋之庚。第一須魁。不論火之魁我。與我之魁木。均可爲用。今則丙火獨殺。以戊土火庫助之。縱不能鎔解堅剛當旺之庚金。究已合於強者抑之之義矣。是宜年月再見財星。或則官來助殺。皆有一番作爲。

(丁亥時)　當旺之庚。喜有丁火之煉。惟金有二而火僅一。縱亥中甲木暗生丁火。猶覺火力之不充牣。必須年月有木。使丁火不熄。或則有火。以擴張其焰。乃成優秀之命。大怕癸水。戊土亦非相宜。

庚日戌月

(丙子時)　庚金生於戌月。時逢丙子。如巳土旺用事。則丙火之光。晦而不揚。必待木以疏其土。生其火。庶七殺可用。按丙火原坐子水之上。不宜再有壬水透干。以剝奪其力量。所以土金水三者。均非所宜。而木火之相需甚殷。不言可喻矣。

(丁丑時)　戌中藏有丁火。今露時干。庚金日主。喜得煅煉。月戌時丑。其實皆土。既值土旺。丁火之力極薄。是宜木透干頭。方能死灰復燃。而顯財官之妙用矣。大忌癸水。以傷官。星壬雖合丁。亦非宜也。

(戊寅時)　戌月庚金。季秋旺土。生氣正盛。再有戊土印透。下臨寅位長生。土厚金埋。滅尙何疑。義所以寅戌雖會火局。或再有丙丁透出。亦非上格。良以火生當旺之土。徒增埋金之病。是必陽木爲救。則斬關直入。旺土亦爲辟易矣。

(己卯時) 庚金日主。戌土月令。已甚生旺。時逢己土。臨於病地之卯。自不同於戌土臨寅位長生。故己雖忌而爲患較輕。不致土厚埋金。最好乙木出干。或支逢亥卯。則爲身旺任財之格矣。

(庚辰時) 庚金誕生土旺之戌提。而又時値庚辰。土厚金堅。如見甲乙。則力不敵金。倘遇丙丁。則生土忘剋。如此配合。未免用神莫屬。故祇有順其生旺之氣勢。作從旺之格。再喜土金生扶之倚柱中得有一點之水。駿發可俟矣。

(辛巳時) 庚日巳時。乃其長生。且爲旺土之祿。再有辛金扶助。致犯身強太過。然巳火終係七殺。但教年月有丙或丁。則官殺通根於祿旺。輔之以木。生火制土。自亦不凡也。

(壬午時) 庚金質本頑強。再生戌提旺土之候。時逢壬子。似可洗之煉之。以成利用。惜乎此際之壬水。易爲旺土所掩。而午戌又會局生土。並非盡善。故宜干頭木透。壬水生之。使秋木以樹疏土之功。亦上格也。

(癸未時) 秋杪土旺司權。庚日再誕未時。不免土多爲病。然未中藏有乙木財星。得癸水生乙。如能引出天干。定致鉅富。或他柱多水木亦佳。惟此時之陰木。亦值休囚。切忌見金以損傷。

(甲申時) 庚日申時。名爲歸祿。時通日氣。月令在戌。旺土生金。致嫌身旺太過。故時上甲木財星。洵命中之精華也。還須見水以灌溉。或得木而扶助。否則仍是金剛木強。至多小康。貴更無望矣。

(乙酉時) 日爲庚。時透乙。乙庚爲道義之合。在此土金並旺之秋。理可化金。況復時落於酉。又是庚之旺鄉。切忌有火剋金。或見木而被金剋。皆非化氣之眞矣。土金本所弗畏。儘量生扶可也。見一點木火。便爾破格。下賤之命

(丙戌時) 戌爲火庫。庚金旣生戌月。再臨戌時。丙火高透。縱在土旺用事。亦不足以晦其火而埋其金也。年月如得有木。固爲上選。惟不可再見土金。以對抗火勢耳。

(丁亥時) 庚金理當火煉。千古不磨。月令在戌。戌中藏丁。今乃引出時干。一官獨秀。利器必成矣。若地支再得寅卯。

庚日亥月

天干則露甲木乃偉大之格。必大富貴亦壽考矣。印生刼助。即是庸命。

（丙子時）亥月水旺木相。庚値病地。時逢子水。水冷金寒。非火之力量。不足以使水流通。金有生氣。丙火太陽。雖能解凍。尚不足有裕於病地之金。所以有印綬之土爲最要。蓋不但生金。且可抑制旺水也。金木竝不爲忌。

（丁丑時）十月之庚金水旺泄氣。固喜土以生之。火以煖之。玆則時逢丁丑。似乎深合寒金需要。然丑雖屬土。位在北方而有寒土不生之慮。雖丁火可以生起丑土。但丑爲丁墓。亦爲庚墓。必得干頭土透。輔以甲乙木生丁。乃爲上格。

（戊寅時）亥月病地之庚金。得戊土以生之。沉痾可以立起。時臨於寅。寅乃丙戊之長生。戊土亦非無力。洵爲身弱喜印之標準。歲月干頭。再能有火。則金木水土。無不生氣活潑矣。

（己卯時）冬令退氣之金。第一要土。蓋不但金賴以生。且水賴以抑。時枝之卯。雖可泄過旺之水。亦可感脅寒凝之土。故必見火。則己土有所恃。而金水木所束之寒氣皆除矣。不但緩衝於土木之間而已也。

（庚辰時）書謂身弱喜生扶。孟冬庚金。總非生旺。有辰土之生。庚金之扶。似可返弱爲強。但此時令節。陽氣閉塞而成冬。孤陰不生。全仗年月見火。爲之斡旋。如無火而有木。仍難煥發。

（辛巳時）水寒束縛之庚金。喜得巳火之長生。辛金之同類。其氣遂能少舒矣。巳亥交冲。火被旺水所尅。非得年月透出戊己不爲功。再能輔之以木。使時上七殺。能發揮其天賦之本能。則必光華一世矣。透丙亦佳。

（壬午時）庚生亥月。亥中壬水高透。食神吐秀。且得祿通根。古訓有食神得祿不逢官之說。不知古人此說。非所以論冬令庚金之食神。良以寒金而無火。必致金水寒冷爲慮。一點午火。洵足溫其金水。惟年月之間。祇可見金。不可再見火耳。戊土大忌。

（癸未時）庚日而遇癸時。月建在亥。則是金水傷官身弱則宜印。時元之未土。洵屬必需矣。猶嫌水強土薄。故以天干再見一位印綬方妙。比刼亦喜。木火不忌。

（甲申時）亥月之庚金。時臨甲申。甲木長生於亥。庚金得祿於申。財星有氣，日元通根。可謂四平八穩。然亥水究在旺令。申中又藏壬水。較量重輕，猶是水強。所以宜見一位印綬之土以和之。或有火透出亦佳。

（乙酉時）庚雖泄氣於月建之亥。然得旺刃於時元之酉。而不虛弱。乙木財星來就。雖臨絕氣於酉。但値水旺木相。仍可用財。倘能支逢卯未。則尤身財俱茂矣。若見丙丁主貴。金與土不妨。

（丙戌時）三冬庚金寒威凜冽。金氣消沉。時元丙戌。丙火則太陽當空。戊土則煖水生金。蓋戊爲火庫。丁火暗藏。生氣尤其有力也。其餘干支。祇要五行分配停匀。不重複。多見便佳。

（丁亥時）庚金日元。遇亥月亥時。重重泄氣。金沉水底。幸亥中藏甲。暗中生丁。則水得火煖而流動。金以火焰而光顯。然以一庚而與二水一火相衡。絕不勢均力敵。還須金助土生。始臻上選。

庚日子月

（丙子時）庚生子月。水氣正旺。時又臨子。傷官盜泄愈甚。大有金沉水底之勢。今得丙火高透。固足稍解寒流。但總覺太陽之火力。不能與金水之寒冷相抵消。所以必得土透干頭。一面抑其水。一面生其金。乃克和諧耳。

（丁丑時）子月庚金。泄氣已甚。火與土。洵所斷求者也。奈何丑屬濕土。藏金則有餘。生金則不足。庚金墓於丑。蓋卽此理。還當年月見土生庚。見木生丁。而旺水被遏被泄。方全中和。

（戊寅時）庚生仲冬泄氣之子月。喜得戊寅時元。爲之補救。蓋戊土既自坐長生於寅。土亦甚厚。足以生金掩水。而寅木更有泄水之功。所不足者。缺一火耳。苟再火明干頭。則生生不息矣。

（己卯時）月令在子。日主爲庚。傷官正在旺令。庚金臨於死地。則時上己土正印。洵爲瓌寶矣。無如己坐於卯。卯臨病地雖卯木能吸收當旺之水。己土究嫌力薄。是應年月有火。始克呵成一氣。

（庚辰時）仲冬月建在子庚金之氣甚頹得時上庚金之助辰土生之似可補偏救弊矣。不知辰爲水庫。子辰會局。縱有比肩幫扶。終覺水盛於金。所以柱中還須火土。蓋有土而無火則土少活力反恐埋金耳

（辛巳時）庚日而逢辛巳時同氣相求長生資氣爲泄弱之庚金所喜但因地支之氣質不純不及天干有力。如巳火之中。藏丙戊庚苟再見丙戊出干則殺印無不通根傷官假之爲權。必成大器矣。

（壬午時）庚屬陽金固須火煉時逢午火爲之爐灶奈生子月。壬水又露水勢包圍將不免倒灶之危不能援金水傷官喜見官之例良以子午究屬相冲也除非年月透火。益之以土方無可訾。

（癸未時）庚金誕生子月子中癸水透干。爲金水眞傷官格書謂傷官身弱則喜印。此時庚金不強所以未土印綬。足爲補天之五色石也最好未中所藏之丁火能顯露於年月干頭尤合金水傷官喜見官星之旨矣。

（甲申時）子月死氣之庚金得臨申時申爲庚祿。氣勢稍可振作。甲木財星雖絕於申申子會局仍生木惟是大地凝冰。金寒水冷。如得餘柱有火庶藉陽和之煖氣則工善其事且利其器矣

（乙酉時）月令在子爲庚金之死地。乙木之病鄉。雖合不化時臨酉位幸係庚金之旺氣。雖水旺泄氣尚能任財。是須木火並透。方用財官有木無火傷官生財此外再來金土。亦所不忌矣。

（丙戌時）寒冷無氣之庚金絕難顯其本能喜丙火之照耀則水冷金寒之病去。更有戊土火庫以生金。則庚金雖死於子。而亦生氣勃如矣。其餘干支有甲戊寅午輔之乃身殺並強。權操一世

（丁亥時）庚日而遇子月亥時傷官食神雜見。泄而又泄堅金銹蝕不堪亟待鼓洪爐而冶之庶仍可致利用。則丁火一官獨透尚已。惟亥雖木之長生究不直接生丁。故干頭要有木。庚金究少生氣。更柱中要有土。備此二者。爲上格無疑矣。

庚日丑月

（丙子時）庚金生於丑月。雖云土旺。終是寒土。而時元又臨子水。則水愈寒而金愈冷矣。丙火七殺透時。足以生土散寒。應取爲用。惟尙宜木以輔之。或者支有寅木。方爲盡善。不可見土以晦火。見金以生水。須細參之

（丁丑時）庚金日干生丑月丑時。丑爲庚金之墓庫。且寒土不能生。故縱再見戊己透露。亦勢趨埋金。好在丁火高透。俾土金濕煖。惟丁亦墓於丑。猶如爐中餘燼。年月有木。則爲貴格。土金水三者切忌重見

（戊寅時）丑月庫中之金。毫無生氣可言。喜戊土之相生。環境稍變。好在戊坐於寅。印臨長生。而寅中藏丙。暗中生戊煖庚。亦非無補。然與其彌補於暗中。終不及天干火透之爲更佳耳。若用取印綬。甲木忌見。火不怕重

（己卯時）庚生丑月。丑中己土透露。庚金得其生氣。但在歲杪嚴寒之候。金水大忌。寒土亦非有用。至於卯木之財。等於疣贅。唯有干上見火。乃木以生火。而火則生土煉金。猶奕者只爭一子。使滿盤死局。變成節節相生矣

（庚辰時）冬月庚金。無從旺之理。卽如此條。天干兩庚。地支辰丑。一派土金。倘餘柱再見土金。不雜財官。似可從旺。不知丑辰之土。其性陰濕。皆不足以生金。而入墓之金。何能從旺。是須木火並見。使寒冷之土金。頓呈活氣。始爲佳耳。

（辛巳時）庚金生於丑月。爲濕土所包。塊然凝結。無以自顯其材性。茲則時逢辛巳。刼財助之。長生資之。尤妙巳爲七殺。火土相生相尅。綜合一體之中矣。如能丙再透干。而點綴一些之木。更無間言矣

（壬午時）季冬之庚。雖在土旺而效用不著。故庚墓於丑。猶石女之無生育也。不應再來壬水。以增進寒水之氣。致土金愈形确磊可惜。倘幸時臨午火。差補造化之功。但火力微而無根。不得木終爲下格矣

（癸未時）庚生丑月墓庫之地。卽少年不發。庫中人是也。妙乎時逢未土。與丑交冲。不獨墓庫冲開。且土冲而動。動則變化而能生金矣。尙嫌霜雪之癸水增寒。故以未中所藏之乙丁能透爲上。

（甲申時）丑月入墓之庚金。縱然得祿於時元之申。勢力仍非強勁。甲木自絕於申。不殊朽木。所以金木皆無力量。而木尤弱。若以水生木。則金水愈其寒冷。必須干頭有火。而地支益以寅卯通甲之根。始是上命。

（乙酉時）以投墓之庚。而值羊刃旺氣之酉時。氣勢可以一振。然以無力之乙木財星相就。未能充分以養命。故須支見寅卯。干頭有火。庶乙木財星通根而春回寒谷矣。如有未土尤妙。蓋未中藏乙以幫財。藏丁以溫金燥木。藏己以植乙生庚也。

（丙戌時）寒冷之庚金。得戌時火庫生之。連帶使丑土印綬。亦有生氣。況丙火太陽當空。不殊獻曝負暄之妙。若巳土旺用事。則火晦其光。制土生火之財星。為四柱所不可少。惟天干陽木勝於陰木。而地支則寅卯皆宜。因寅戌會局。卯戌互合故耳。

（丁亥時）庚日亥時。食神盜氣。月支在丑。黨於北方水位。又拱子水。僅有一位丁火官星。不足與水相濟。最妙亥中甲木財透。財生官。官生印。印生身。而其作用則庚劈甲。甲生丁。丁煉庚。成為十足高貴之命矣。不透甲亦要木火相生。

辛日寅月

（戊子時）辛為陰柔之金。誕生寅月。木旺司權。辛金甚弱。理要土生。不宜水泄。時逢戊子。雖戊土足以生身。然子水則長生其名。盜氣是實。故喜丙火官透。使戊土更厚。且合辛金溫潤。為貴之旨矣。

（己丑時）孟春之辛。原不慮乎土多而金埋。良以時令木旺。土重何憂。所以己丑時元。無可非難。但因餘寒猶凜。辛金殊欠溫和。年月得見丙丁。遮辛金之精華顯露。蓋既有己丑之孕育。自不慮丙丁之銷鑠矣。

（庚寅時）辛金逢寅月寅時。本是財多身弱。所以時上庚金。喜其同氣能助也。但庚雖陽金。逢寅為絕地。相扶之力。猶嫌不夠。最好土透干頭。則金得母氣以孕育成為財得根深印得華之佳格。而富貴兩全矣。

（辛卯時）寅月柔脆之辛金再臨卯時。卯乃辛金之絕地。其弱不堪。縱時透比肩。似可爲助。不知枝連同氣。亦在絕氣之方。自顧不暇。於何爲力耶。最妙寅中之戊土透天。戊土坐長生於寅。力能生金。方可以辛金爲用。但與其身弱用比。反不如用印之直截了當。惟忌陽木破格耳。

（壬辰時）初春之辛金逢壬辰時。辰雖印綬生身。却值墓庫濕土。生氣無多。何况壬水傷官。泄弱金。滋濕土。生旺木乎，祇可棄命從財。但教柱皆水木。即清奇之格。倘若年月有火則火以温之。水以洗之。所謂温潤而清。亦爲上格。未可以傷官見官爲忌焉。

（癸巳時）辛金生於寅月。木旺火相，時臨於巳。木火相通。時干之癸。以生寅木。雖寅巳之中。皆藏戊土。但辛金總覺弱也。必得戊出干頭。則食財官印成四美俱。弱極逢生爲二難并矣。

（甲午時）辛日午時。時上一貴。考五行生尅之理。則寅月爲甲木之祿。寅午會半火局以助殺。所謂財官太旺。天元羸弱之徵。必也寅中戊土正印。透露干頭。以泄火而生金。方爲富貴絕倫之命。或見庚申劫財。將當旺之木。稍予制裁尤妙。

（乙未時）寅月胎中之辛金。得未時之土生之。原無不可。惜乎未爲木庫。而中藏之乙木。又露時干。仍不克挽救財多身弱之弊。柱中還宜有土。如逢比劫。雖可爲助。但不成其爲時上偏財格矣。良以時上偏財忌見兄弟。固定論耳。

（丙申時）辛生寅提。時值丙申。丙辛雖云相合有情。在時令焉能化水。寅申一冲。似爲財星之累。但辛金旺氣於申。而春木不虞削伐。故仍可用取財官。丙火長生在寅。官星亦然甚顯。光明燭照。辛金之珠光寶氣畢呈矣。

（丁酉時）辛金生於孟春。得酉時日祿通根。不致過分孱弱。時上丁火。獨殺流清。寅木生之。可稱身殺兩停矣。如其餘干支。有水生財制殺。亦須有土生金。方全中和爲貴之道。

（戊戌時）失令之陰金。以有印綬相生。爲第一義。則戊土透於時元。洵爲可尊。時支之戌。雖係戊土之墓庫。辛戌既長生於寅。寅戌又會局以生起戊土。此爲眞正印綬格。所忌者。僅爲甲木耳。

(己亥時) 辛日寅月遇亥時。恰與寅合。財官甚旺。賴有己土偏印之資。弱金不爲無氣。惟三春之土。其無力與金相等。必待火之生己。差堪調劑。但終是身弱財豐。縱有火。還宜見戊己。方可彌縫補闕。

辛日卯月

(戊子時) 辛金生於卯月。正逢氣絕之鄉。必待生扶爲上。茲其時逢戊子。正印透而生身。子水雖係長生。實則滋其旺木。最好得庚申劫財爲助。則可以食神生財爲用。切忌甲透。因犯破印之忌。致辛無生氣也。

(己丑時) 卯月之辛金。瀕於絕地。得己丑二土相資。絕處逢生。克任月支之財。惟辛金之質。以喻珠玉。還宜水以淘洗。則精光燦爛。奪目驚人。故若年月逢壬日坐或値亥。始是優秀之命。

(庚寅時) 辛日而遇卯月寅時。財星極旺。賴庚金劫財幫身。則兩金兩木。分配平衡。然因春令之金。終須土生。故干頭第一要有土。而土則不論爲戊爲己。前人以爲二月辛金喜己土。忌戊土埋金之說。未免太泥矣。苟無土。則要有金。丁火及木大忌。

(辛卯時) 辛日卯月。再逢辛卯時元。兩辛以敵兩卯。財正旺。而辛金亦吾道不孤。但以時令論。則未較金強。次以地位而推。則辛金皆臨絕地。必須再有土金生扶。方可身財並旺矣。如木火水透干。總作身弱論也。

(壬辰時) 辛爲珠玉之金。喜壬水之淘洗。生於仲春卯月。更宜辰土之生。惜乎卯辰位次東方。爲辛金絕氣墓庫之度。所以辰雖印綬而生金之力殊微。還須干頭得土相生。庶無尤耳。忌水木重土。金則有益。火則不需。

(癸巳時) 二月辛金挫弱。不喜水之泄。與火之尅。茲則時逢癸水巳火。皆是忌神。幸巳雖屬火。亦係戊土之祿。庚金長生。但願戊庚透而生扶。卽不反弱爲強。亦可配合中和矣。

(甲午時) 辛金絕於卯。病於午。辛日而遇卯月午時。財殺極旺。况又甲木高透乎。但可以棄命從財爲斷。餘柱不以水木為忌。見土金生扶則破格。或謂午中藏有己土。棄之不盡者。不知己為旺木所制。有何餘力生辛者。

（乙未時）卯月未時。卯未會半木局。乙木透干。偏財之木根深蒂固。即云未屬土能生金。然即未為土質。亦被乙卯所尅。無力生辛矣。亦以棄命從財而論。不怕水木之重沓。祇怕比刼之分奪。火則泄財。土則生金。皆非所喜也。

（丙申時）丙與辛合。因在卯月。木旺火相。斷不能丙辛化水。然既丙火官透。卯木財以生官。柔弱之辛金。縱乘旺於申。終少勝任財官之力量。最妙透戊土而值亥水。則辛既有根。而火煖水洗。自合温潤之妙諦。但教有土。則金水不忌。火木無妨。

（丁酉時）卯月辛金。雖得祿於酉時通氣。無如酉為丁火所駕馭。則辛金不啻根斷源消。況又卯酉之沖乎。必須有土。方能泄相火生弱金。以成殺印相生。如無土。則降格以求。宜有弟兄以扶之。水非所喜。尤忌陰水。

（戊戌時）卯月氣絕之辛金。得戊戌正印生身。洵為絕處逢生之佳造。惟戌為火庫。戌中藏丁。暗殺銷金。最喜干頭有水以濟之。土已作用。木則宜少。火非所需。金則弗嫌其助。

（己亥時）子平以卯月辛金。須有壬水之洗。己土之生。今其時逢己亥。以亥為壬祿而論。深與上說吻合無間。但此外尚有年月兩干。歲日二支。以何配合為妙耶。根據亥卯半局。而財在旺令。則最喜庚申。可無疑義。此外稍雜木火。亦無妨乎大體。

辛日辰月

（戊子時）辛金生於辰提。辰中戊土透干。土旺用事。致有埋金之慮。時臨於子。雖曰長生。不足以補救埋金。必須甲木出干。以疏旺土。而子水生木。亦不致成為廢材。倘有火則旺土更厚。見金水則無關乎榮辱。苟得金木交差。乃為上格。

（己丑時）辰月土旺用事。時為己丑。重重之土。柔弱入墓之辛。勢必遭其埋滅。所以柱中有木。即以財星為用。所謂財以破印也。最喜水木。必爲時勢之英雄。盡不顧名義。不擇手段。惟以富貴爲目標也。

（庚寅時）辛金日元。生於墓庫之辰提。辰土生辛則未必。埋金則可能。故必須疏土之木。始爲佳造。茲時値庚寅。不喜其庚金相助。而喜其寅木疏土。如再干見壬甲大富可立而俟。奇才亦由天授。火則弗喜。

（辛卯時）辛日辛時。連枝有助。生辰月墓庫之鄉。未可謂無生氣。則時元卯木偏財。足爲養命之源矣。苟再乙透。則成雜氣財星。再能支中見亥。使比肩無分財之嫌。獨怕丙火。致兩辛妬合。次忌酉金來冲破財根。苟其露庚坐寅。則身財交茂矣。

（壬辰時）辛金墓庫於辰。月時皆辰。不啻網羅四佈。辛金不能展佈其材性。時上雖逢壬水傷官。但壬水亦墓於辰。等於滄海遺珠。鮹人亦難尋見。必得木之尅土。火之照水。庶能合浦珠還耳。

（癸巳時）辛金墓於辰。死於巳。時巳月辰。休囚之象。卽云土旺。徒使金埋。辰中癸水透露。聯巳火似合温潤之旨。但若無木。則土何從疏。火何從秉。水何從泄。一派烟霧迷茫。更從何處得生塵之寶釵乎。

（甲午時）季春辰提。正當土旺。再値午時。以生旺土。則土愈厚而辛金沉埋愈深。所以甲木財星。以疏旺土。固相需甚殷也。苟能年月並見庚壬。或露丁而坐申。定是大用之造矣。

（乙未時）辰月未時。以兩重當旺之土。生入墓之辛。反嫌土重。則乙木財以破印。深合强者抑之之旨。不可再有比刼以奪財。並忌官殺之泄財以生土。若逢壬癸以灌漑其木。定爲富命。

（丙申時）丙與辛合而在辰月申時。申辰會局。如支逢子水。未進土令。則化水之格以成。再考申乃辛之旺鄉。四字已有一土二金。何畏一丙。況丙辛合而尅中有情耶。金木水土咸非必忌。獨火須迴避之。

（丁酉時）辰月酉時。辰與酉合。土旺金相。化金助辛。故辛雖入墓之金。究因時歸日祿而不弱。所以時上一位丁火七殺。允可作用。然丁火猶覺根淺。故以歲月有木爲佳。壬水不忌。獨不喜癸。倘若干有土木。則癸水亦不足慮矣。

（戊戌時）季春辰月。土旺用事。時爲戊戌。辛金日干。眞是土厚金埋矣。縱辰戌交冲。其土冲動而活。但若不見甲木。

總是愚蠢勞苦之命。最妙壬甲並透。而又日坐於亥。則病重藥重。大富大貴之造矣。

（己亥時）　辛日生於暮春。辰月土旺。再見己土高透。相生太過。而有母慈滅子之嫌。喜其時落亥水。壬甲內藏。苟能壬甲再露干頭。必非凡士。火非所需。金則弗忌。如以甲易乙。亦甚妙也。

辛日巳月

（戊子時）　巳月火旺。柔軟之辛金。望而生畏。務須得水。與火相濟。則辛金既溫且潤矣。所以巳月子時。確是佳格。不過子上戴戊。弱水為生旺之土所迫。還宜比劫之金。洩土資水為上。若見木。雖可疏土。亦能生火。並非絕對需要。總喜金水調和也。

（己丑時）　辛金生於巳月。火初旺而金失令。土以生之。原無不可。時逢己丑。干支皆土。似有埋金之嫌。所幸巳為庚金長生。丑乃庚金庫地。巳丑相會。成半金局。足以扶助有情。而金多不致被埋。最妙透出水火。則磨洗熠燿。而珠光寶氣悉呈矣。

（庚寅時）　辛生巳建。其氣休囚。巳中庚金劫財。透出時干。相助有情。故卽時逢寅木。以有庚金抑制。尚不致財官太過。苟再得土相生。有水濟火。必是非常之造。且有純正之風徽焉。

（辛卯時）　辛時辛日。同氣連枝。然生病地之巳月。絕氣之卯時。終屬先天不足矣。所以還喜柱有土金。為之生扶。不可再見木火財官。使辛金更感無力。若不得已而求其次。則壬丙兩透。亦超脫之格也。

（壬辰時）　巳月辛金。金衰火旺。喜得時逢壬辰。旺火賴壬水之濟。弱金得辰土之生。可稱極中和之妙。假使丙丁透干。餘柱配合一點土金。亦無弊病可言。但若見木。則須有金以制之。否則木洩其水。生其火。未免偏枯矣。

（癸巳時）　辛金質柔而不任尅。茲其月時皆巳。巳雖丙祿。與辛暗合。究以一金敵二火。力有未逮。好在癸水食神吐秀。以抑炎上之威。但因夏水易涸。必也巳中庚透。為之源。方屬上格。苟再木火之露。便是卑下無能之命。

（甲午時）　夏初巳建。雖巳內藏有戊土庚金。暗中生金。日干之辛。總屬失令力薄。時逢甲午。火得木而愈旺。似可援陰干從勢之義。而作棄命從殺論。然因巳中戊庚之故。縱未出干。亦棄之不盡。惟有金木兩見。庶爲病藥相濟之好命矣。

（乙未時）　巳月尅辛。未時生辛。一生一尅。似可平均。但因乙木尅未而生巳。生機薄弱。且巳與未拱午火。遂使辛金無力以抗衡。須當干見戊庚生扶。而餘柱輔之以水。乃佳。倘能地支見申。尤爲可貴。

（丙申時）　夏令之陰金。大喜生之扶之。時臨丙申。丙火得祿於巳。辛金乘旺於申。雖非化水。丙辛無不通根。矧巳與申合。丙與辛合。丙巳二火有所絆。而不爲忌矣。故巳月之辛金。惟此一條。對於五行。皆絶對相畏者。洵和平載福之格也。

（丁酉時）　辛金得祿於酉。月令在巳。巳酉會半金局。以助衰弱之辛。雖不返弱爲強。究是弱而不弱。時上丁火七殺。可以爲用。蓋丁爲燈紅。酉爲酒緣。愈顯辛金珠玉之可貴矣。不可再見火。如見木則宜少忌多。土反不喜。恐埋金而晦火也。

（戊戌時）　孟夏巳提。火旺土相。辛金此時尅氣盛於生氣。茲以時上戊戌正印。得祿於月提之巳。土厚異常。反而生過於尅。金慮埋滅。故須甲木以制戊。益之以水。俾甲有力。戊戌之土鬆動。辛金釧釵脫穎而出矣。

（己亥時）　辛日而生巳月亥時。雖曰巳亥逢冲。傷官見官。但此時官旺。不忌受傷。反有相制相成之美矣。但受尅之陰金。何堪亥水之盜氣。則時上己土偏印生身尚已。故切忌見木。陰木尤畏。比刼幫身。乃最相宜。

辛日午月

（戊子時）　辛金生於午月。丁己同宮。火旺土相。然午中己土未透。時上見戊。則陽土燥而難生金。喜得時支子水。雖與午冲。究可以潤濕戊土。俾陽土之性。具陰土之效用矣。然而水尚無根。還宜庚申陽金相資。始可金甌無缺。

（己丑時）午月之辛金。正逢病地。時逢己丑。梟印得祿於午。生起病金。洵爲所喜。然其餘干支。以見壬庚兩者爲妙。假使二者之中得見其一。則雖雜以一些木火亦不爲忌。惟戊土忌見。慮其埋金耳。

（庚寅時）辛金生於午月。本是身輕殺重。兼之時又臨寅。寅午會殺爲凶。卽得庚刼幫身。因庚絕於寅。敗於午。助力式微。最好年逢己土生金。或則月有壬水之抑火。地支方面以年日坐亥爲最佳。不必慮其寅亥相合也。

（辛卯時）辛生午月。火旺金病。時遇辛卯。辛金雖可幫扶。卯木忌其生殺。仍是財殺強而日主弱也。務須壬癸透干而有己土。地支有申。則辛金既乘生旺之氣。壬癸水亦有源。爲必發之造矣。

（壬辰時）仲夏旺火爍金。必得水以濟火。土以生金。乃爲上選。今則時露壬辰。使珠玉得以保全矣。若干上見庚。地支值申。壬水源流有自。偉大之格。切忌陽土。而木火亦當迴避焉。

（癸巳時）午月辛金。固嫌殺重。食神癸水。洵收制殺之功。但因癸絕於午。易於乾涸。最妙巳中庚金。得見於年月之上。庶癸水有根。而辛金有助。木火是忌。土亦弗喜。只以己土梟神奪食。戊土合癸。雖生辛金。終礙癸水也。

（甲午時）辛病於午。則月令時元。皆值病鄉。卽無甲木。已嫌受尅太甚。茲甲又透。生起當旺之火。不啻爐火熊熊。珍珠寶玉。勢必銷爍無餘。必得大量之金水相救。或己土合甲生辛。以牽制其木。始爲有用之造。

（乙未時）辛日未時。未土似可生金。然因未中乙透。以生午中當旺之丁。未免相尅多。相生少。是宜未中己土亦透年干。而月上逢庚。以合其乙。賴此土金之生扶。則辛金化腐臭爲神奇。洵可貴矣。

（丙申時）書言丙合辛生威權之客。然此指秋冬之辛金而言。非所以論九夏者也。茲丙火乘旺於午。雖相合有情。終屬所畏。幸爾時臨申位。爲辛金旺氣之方。遂能補偏救弊。若得申中壬水再透。則十全十美矣。

（丁酉時）丁火得祿於午。辛金得祿於酉。頗具力敵勢均之妙。惟九夏鎔金。終覺火力偏勝。除非干逢壬癸。以子救母。或見己土。以母護子。陰土與水俱全。則辛金爲無瑕之璧矣。

（戊戌時）午月爲戊戌陽土之旺鄉。辛金賴之以生。所惜戌爲火庫。午戌半局。致有火焦土裂之患。非特不能生辛。

且有埋金之弊。故必干頭見甲以制戊。輔以壬癸而濟火。或有甲而坐亥。均屬佳命。如無甲而有壬。則刼財為必要矣。

（己亥時）辛金生午病地。幸時干己土偏印。得祿通根。生金泄火。更賴亥水。與火相濟。即此四者配合。已臻妙用。然則其餘之兩干兩支。於何為宜耶。乃視其土重宜金泄。木多須金削。有火還須水。惟有金水則無妨耳。

辛日未月

（戊子時）辛生未月。土旺金相。而火尚有餘烈。喜其子水潤之。惜乎子水墓於未。再有戊土蓋頭。水火薄弱。非有陽金。則醴泉無源。決不能普遍應用。故此條之優劣。全視有無庚申刼財為斷。忌火畏土。木則利害均等。金水最宜。

（己丑時）未月辛金。未中己土梟印。透干相生。日元有根。時臨於丑。似頗犯土厚埋金之弊。所幸丑未冲而地氣動。終易發現寶藏。最好未中乙木。丑中癸水。並露干頭。如乙丑年。癸未月。則珠玉在前。貴可知已。

（庚寅時）辛金生於季夏。雖有旺土相資。究屬炎威猶烈。則庚金之同類相扶。固為可喜。然因庚坐於寅為絕地。而寅為火之長生。縱使餘干無火。還宜陽水補救。己土出干。始臻神妙耳。

（辛卯時）未月辛金。如在小暑十二天後。母氣甚健。再有比肩扶身。幾使失令之柔金。躋於生旺之域矣。但因時落於卯。卯未半局。生起暗藏之火。防辛金之被銷蝕。必得壬水遙制。則精神畢露。大忌戊土。以及木火。不怕己土與金水。

（壬辰時）未月土旺之辛。再有時元辰土相資。得天原厚。而此際正當三伏。炎暑未消。有火暗爍。賴壬相救。苟再透庚坐申。既可扶辛而壬更有源。則雖天干見火。亦不足慮。獨有戊土出干。則貴格反成賤命。惜哉。

（癸巳時）辛生於未。雖土旺生金。因夏令終是衰地。時臨於巳。又是死鄉。故非生旺之象。再在伏天。火威足以流金爍石。癸水食神。似可配耳。但此時之癸氣亦休囚。故喜巳中庚透。或年支見申。方可免於疵求。

（甲午時）辛日而遇未月午時。未爲衰鄉。午爲病地。雖云土旺。究嫌其燥。加以甲木生火。遂覺旺土不足以生金。旺火反足以爍玉。是須金水並見。一則尅木而扶身。一則制火而護金。乃合生尅制化之旨矣。木火大忌。因難棄命故也。

（乙未時）季夏未建之陰金。又遇未時。土旺用事。遂覺生之太過。而慮金埋土中。時干透乙。固喜疏土。但不知木能生火。此際火勢猶熾。但願壬透申藏。則截長補短。吾何間然。

（丙申時）季夏建未之月。旺土司權。然以三伏炎天。炎上之勢尤威。柔弱之辛金。殊不能與火相對壘。丙透時干。與辛相合。尅而無傷。矧值申時。辛金乘旺。申中藏壬。可以制丙。以此而論強弱相當。正官可用。故忌財之壞印與官殺之制刼。金水爲喜。木無大妨。

（丁酉時）丁生土旺之未。提不爲無根。時又臨酉。歸祿通根。則未中丁火殺透。尚不致身輕殺重。祇以未爲燥土。不足以生辛。是宜有水透干。庶丁火七殺有制。所以寅卯甲乙之財。反爲大忌也。

（戊戌時）辛日而遇戊戌時。即非木旺之未月。亦以厚土埋金爲忌。所以必有甲木之制戊。庶金不沉埋。更有壬水之制火。則土方滋潤。有甲無壬。徒增火焰。有壬無甲。土不動搖。均非佳造。

（己亥時）未中己土透干。以生衰弱之辛金。幷有亥時之水。制無形之火。潤有形之土。誠然配合得當。苟其柱有庚申。則旺土以洩。弱水有承。衰金得助。是必到老榮華。一生載福者矣。

辛日申月

（戊子時）辛金生於申月。不旺自旺。時上戊土正印。原非必要。時臨於子。子申會出水局。以成金水假傷官。水爲秀氣。則戊土反嫌累贅。最宜年月見甲。庶去戊土病神。且與傷官身旺喜財之旨合矣。

（己丑時）辛金乘旺於申月。得令月旺。不宜再來己丑土生。致犯太過之弊。是宜柱有乙卯之陰木。庶己丑有所制。

金不被埋。總之以土爲忌。以木爲藥。而用木更宜有水輔之。怕金削之。

(庚寅時) 申月旺地之辛金。更得刼財庚金扶助。身強已極。身旺任財。則時上寅木財星。允堪爲用。惜乎寅木爲庚所鉗制。再被申金所冲破。財有動搖之勢。是必壬甲兩透。財有所生。而復得祿。始爲先敗後興大富之格。有甲無壬。或有壬無甲。發不足矣。

(辛卯時) 比肩透出時干。以助乘旺之辛金。理以時上卯木財星爲用。但書有時上偏財忌見兄弟之說。除非天干見乙。再得水以泄旺金。生弱木。方可用財。唯總立業辛勞。時多波折耳。

(壬辰時) 孟秋申月之辛金氣正盛。申中所藏壬水高透。是名金水眞傷官。鍾靈毓秀者也。雖壬水自墓於辰。但因申辰會局。仍能源遠流長。其餘干支。以有水木爲美。火金皆無關係。獨忌戊土而已。

(癸巳時) 辛金生於申月巳時。巳與申合。時逢癸水。是名金水假傷官。怕戊己出露。以礙其水。最喜庚金及木。則食神大喜刼財鄉。而又身強任財。養命有源矣。

(甲午時) 申提當旺之辛金。力能任財任殺。所以時逢甲午財殺。固是旺金所喜者也。但若水不透干。則殺無所制。財無所資。猶爲缺點。必也壬癸當頭。則成時逢一貴。富貴無疑矣。

(乙未時) 以當旺之辛金。再遇未時生之。頗有太過之嫌。乙木高透。以制生身太過之印。惜乎秋木不繁。務須食傷之水。以輔失令之乙。斯爲美耳。見火則當別論。見金與土。均非美滿。

(丙申時) 丙與辛合。妙在月時皆申。申爲水之長生。可作化水論也。但既爲化格。柱中只可見金水。倘得見木火與土。便不能以化氣推。有木火以財官爲用。多土金則無足取矣。

(丁酉時) 辛金得祿於酉。乘旺於申。氣旺則宜泄尅。時干丁火相尅。然以一丁而與當旺之金週旋。甚難。故宜木以生丁。秋木無根。還喜壬癸佐之。印綬比刼不宜再見。

(戊戌時) 旺令之辛時逢戊戌。申金相助。戊戌相生。生旺極矣。惟以辛乃陰干。從勢而無情義。但教申中壬透。便取傷官。然須甲木尅戊爲貴。假使戊中丁火出干、則當用殺。亦因印多。有木爲良。

（己亥時）申月旺地之辛。再有己土印生。卽非太過。已甚生旺。好在時臨亥水傷官。大喜亥中壬甲兩透。則身旺傷官喜財。而有金谷銅山之富矣。有水而再有金不忌。水木大喜。火則須視配合如何。土則斷乎不宜。

辛日酉月

（戊子時）辛金生於酉月。酉爲辛祿。日元當旺。時干戊土。正印生身。致犯生旺太過之弊。子水時元。名雖長生。却可疏導旺金。所以喜子水。畏戊土。必得年干有甲。方爲上格。大怕柱中再見土金。必較見火爲更每下愈況矣

（己丑時）酉月建祿之辛金。不喜生扶。時逢己丑。干支純爲濕土。則如寶釵生塵。因潮濕而愈污濁。土多之病。理當以木爲藥。然見甲則防合己。逢乙則乙絕於酉。毫無用處。最好多水爲之冲洗。庶塵土去而金光爍矣。

（庚寅時）辛日酉月。再見庚刼。其氣極盛。原喜以財爲用。然而時支寅木。爲庚金所壓迫而分奪。財星受損。故宜干支有水。泄旺金而生弱木。得其緩衝於金木之間。而弊絕風清。豈不妙哉。

（辛卯時）酉月辛金。日通月氣。十分生旺。時逢辛卯。卯雖可喜。而辛金比肩。犯建祿之忌。且卯爲陰木。絕酉逢冲。受金戕賊。猶如敗柳殘花。能有一火以尅金。再有一水以生木。亦敗中有成之命。

（壬辰時）八月酉建之辛金。逢時元辰土正印。犯生旺之忌。幸得壬水透干。傷官篩秀。金水相通。駿發之造。大忌戊土。有戊必須甲木。或不見戊而見甲。皆良。比刼之中不忌申金。見火非宜。

（癸巳時）辛金建祿於酉。時遇癸巳。巳雖屬火。却係金之長生。巳酉會局。辛金生旺。喜癸水食神之透。金水相漱。秀氣所鍾。大忌戊己出干。便是濁而弗清。丙丁二火見一爲貴。東方之木。斷無不喜。支遇亥子。乃純粹之食神格矣。

（甲午時）書言建祿之格。大喜財官。酉月辛干。而時遇甲午財官。洵是貴命。最好壬癸見一。使秋木得所生。七殺有所制。定作寒門貴客。良以建祿之命。大抵遺產難承者也。

(乙未時)酉月未時。辛金有生有助。頗覺太過。幸爾未中乙透。財以養命。木以尅土。合於建祿不宜身再旺。惟專茂財源之說。定爲富命。所惜者。尙覺秋木無根。地支宜有亥水。更勝壬癸透天矣。比刼大忌。印亦非宜。

(丙申時)辛金通根於酉。乘旺於申。申爲水之長生。故有作爲丙辛化水者。不知月令在酉。可化金而不可化水。論命最重月氣。故此條祇可用正官。若見壬水。則須有木以泄土。如戊己之土。不見爲佳。切莫拘泥有官須有印之說也。

(丁酉時)酉月辛金名建祿。酉時辛金曰歸祿。祿誠多矣。時逢丁火獨殺。奈何無制無根。須有水木爲配。差可增高地位。大怕再有土生金助。并將水木之效用削弱。

(戊戌時)戊戌正印生辛。戌土又是辛之冠帶。縱非生於酉月。亦慮其太過。太旺宜疏不宜尅。然若見壬泄金。則壬水被戊土尅制。恐難顯其本能。故有壬尤要有甲。庶戊土不敢侵壬矣。火與土金。皆不可參雜。

(己亥時)辛金得己土生身。再生酉月建祿。當旺之時。雖陰柔之金。却亦甚強。時臨亥水。金水有相涵之妙。如得亥中壬甲兩透。富貴可以操券。見火不忌。然當改用財官也。

辛日戊月

(戊子時)九月建戌。土旺用事。辛金此際已甚有根。不應戌中戊土出干。致犯金埋厚土之弊。雖子時爲水。不能洗刷土中之金。況爲旺土所尅乎。必須甲木之透。支逢亥水。或透壬癸。俾傷食生起財星。大富之格。

(己丑時)辛金誕生九秋。土旺金相。不喜再有土金生扶。免蹈太過之病。玆其時逢己土。以增土勢。遂使白璧明珠。沉埋厚土。苟使救以甲木。則有合己之嫌。不如有壬水冲去其土。以顯其金。陰木雖喜。惜爲效太微耳

(庚寅時)季秋辛金。母體剛健。再有時上庚金相扶。反似畫蛇添足。時臨寅木財鄉。似疏旺土。然因寅戌會而生土。仍然無用。必得陽水以濟火。陽木以制土。地支再有亥水。乃必發之命。

(辛卯時) 辛日辛時已非孤單無助。矧在九秋旺土之時。生旺甚矣。時雖值卯。既受辛金之剝削。而又卯與戌合。絕無效用。須水木之並露。則財得通根矣。大忌土金。火亦弗喜

(壬辰時) 戌月之辛金。又生辰時。正印重重。固有埋金之慮。幸爾辰與戌冲。土性雖厚。尚得流動。所以時上壬水傷官。足以冲刷其土。洗淨辛金矣。有甲更妙。苟使支逢申亥。更覺精神百倍

(癸巳時) 辛金生於戌月土旺之時。時支巳火。爲旺土之祿。火以晦而土更厚。一點癸水食神。不足以淘洗辛金。如以木疏土。則有生火之嫌。若以金生水。則犯幫身之忌。祇有以水助癸爲最適宜

(甲午時) 辛日而生戌月午時。午戌會局。并有甲木生殺。雖旺相之辛金。亦不免董火而生畏。故以干頭有水。爲必要條件。果見水。則雖雜以土金。亦無大妨。惟不可再逢木火。

(乙未時) 戌月未時。適當土旺。辛金之柔。忌其沉埋。致犯母慈滅子之患。必須木來相救。然因秋木凋零。乙木得水之滋溉。則菊有黃花。以點綴其三徑。切弗同類幫身。亦怕火土。

(丙申時) 辛生申時。爲乘旺誕於戌月値冠帶生旺之金。無畏乎丙。惟丙辛雖合。不能化水。但又用官。若其申中壬水出干。則壬以洗之。丙以耀之。迎眸生纈。咸知珠玉在前。瓦礫自慚形穢。

(丁酉時) 辛金日主。時臨於酉。歸祿通根。生在旺土之戌。提日元殊健。戌中藏丁。出露時干。以殺爲用。熠光之下。墮珥遺簪。彌覺華貴。惟年月天干。以水木俱備。乃爲上格。火則已足。土金無需乎爾。

(戊戌時) 辛金而遇戌月戌時。已足將辛埋沒。何況戌中戊土。又透時干。如此印綬重重。確是母慈滅子。是須壬水以冲之。甲木以疏之。否則毫無用處。如再見金。則身旺無依。倘有火則旺土愈厚。皆枘鑿也。

(己亥時) 辛爲柔金。時透己月坐戌。亦有埋金之慮。好在時逢亥水。爲木之長生。水之祿旺。餘柱有水木。是爲優秀之命。官殺與比刧。雖不大忌。究以不雜爲佳。

辛日亥月

（戊子時）　辛爲陰金。喜水洗濯。則不染纖塵。茲生亥月子時。子雖長生。究以食傷夾雜。泄氣爲嫌。所以時上戊土正印。抑旺水而資弱金。恰到好處。年月之上苟再見一位丙丁。尤爲可喜。惟既傷官佩印。則甲木財星。理應忌見矣。

（己丑時）　辛生亥月。寒水之氣初生。弱金之力暗泄。時逢己丑二土。似可相救。然己丑土等於泥淖。寒濕過甚。最喜太陽之丙火出干。參以一位陰木。以制陰土而泄水分。則辛金轉得溫和潤澤矣。

（庚寅時）　亥月辛金傷官泄氣。喜得時逢庚金助之。遂有力量任受寅木之財矣。寅與亥合。當旺之亥水仍健。不可再逢木火。水土少則不妨。但不及比劫爲佳。

（辛卯時）　辛金日主。生於亥月卯時。水旺木相。亥卯又會木局。未免財旺身衰。得辛金比肩以扶之。差堪振作。惟力量尚薄。假使干支及暗藏再見木火。自非佳格。獨喜陽金而土則無可無不可。

（壬辰時）　辛日而生亥月壬時。傷官毓秀。時臨辰土。固是印綬。但辰屬辛壬之墓庫。當令之壬水不忌入墓。柔弱之辛金休囚是懼。尚喜丙丁得透其一。以生辰土爲妙。惟若見丙。餘無土雜。則成丙辛化水之格。亦富貴絕人也。

（癸巳時）　亥月而時干透癸。辛金日主。相涵相濟。即爲秀氣所鍾。時臨於巳。雖與亥冲。然得亥中甲木暗生。其火不致熄滅。辛得溫潤矣。忌戊合癸。己尅癸。致水濁而不清。木火以見一位爲貴。金則弗厭其多耳。

（甲午時）　月令在亥。爲甲木之長生。辛日逢之。養命有源。但以水旺氣泄之辛金。力薄不能任受。豈可再以午火脅之乎。是必見庚或申。努力扶助。以削木而抗火爲善。至於印綬之土。雖可生金。但怕減低水之秀氣耳。

（乙未時）　亥月辛金。時臨乙未。未雖屬土。而是木庫。未中乙木既透。亥未再會木局。幾乎滿盤皆財。若柱無比劫。以及火土。純爲水木。則成棄命從財之格。因妻致富成家。否則見土仍無用。見火則更弱。惟喜比劫之金。以分任之。

（丙申時）　丙與辛合。節屆初冬水旺。時臨於申。又是水之長生。似可合而化水。然亥月水旺木相。丙火絕處逢生。不是眞化。應從強弱方面消息之。按辛金既被水泄於前。又爲火制於後。申雖幫身。猶覺不夠。最好庚透年干。或日坐酉祿。方可調和。

（丁酉時）酉時辛日。歸祿通根。縱生泄氣之亥提。而金氣仍全。丁爲陰火。多則爐冶傷辛。少則九微耀彩。況此際之丁火。不能肆其威力。允是傷官假殺之格。倘再透壬合丁。更勝土來泄丁百倍。木則宜少忌多。火則大怕再見。

（戊戌時）亥水月令。即辛金之秀氣。時逢戊戌。干支純爲陽土。幾將水之秀氣奪盡。故當以土爲病。但若治之以木。不如醫之以金。良以木雖剋土。而亦可以泄水。遠不及金之泄土生水。猶陳倉之暗度耳。

（己亥時）月亥而時亦亥。辛金値之。即是傷官重逢傷官。時干己土爲濕泥。乃一般之辛金所不喜。獨是條以傷官太過而用之。猶蜀中無大將。廖化作先鋒。所以大怕水木再見。若得一點之火。生起己土。則功力悉敵矣。

辛日子月

（戊子時）辛金生於子月。泄中有生。以其珠生於蚌。蚌產於水也。今則時又見子。而節序則在大雪冬至之後。寒氣甚盛。珠將被凍。所以戊土正印。足以剋水生辛。但雖水有所制。而寒氣猶存。則或丙或丁。得透其一。定成偉人。木乃忌神。

（己丑時）子月水旺之時。辛金泄氣。時逢己丑。子丑皆爲北方。己土縱透干。亦覺拖泥帶水。掩蓋寶氣珠光。是須壬丙兩透。壬水以冲刷之。丙火以溫煦之。再加一點陰木。剋己丑之土。則誠百脈貫通矣。

（庚寅時）辛生於仲冬子提。子爲辛金之食神。徒具長生之名。而其實盜氣。時干庚金。幫扶有力。所謂食神大喜刼財鄉。辛金既不爲弱。則有力以任寅木財星。洵係富厚之格。不可再有比刼奪財。或則有火以泄木。

（辛卯時）辛日而値辛時。同類扶助有情。月提子水。以生時上卯木之財。可以致富。惟忌比刼。所謂時上偏財。忌見兄弟。除非天干透乙。地支有亥。財亦甚盛。再見比刼則亦無所畏。蓋通根之財。猶寒梅著花。而非萍飄水面矣。

（壬辰時）仲冬建子之月。壬水傷官。透而乘旺。雖壬臨於辰。旺水歸庫。但因子辰會局。仍是一派汪洋。況辛金亦墓於辰。勢必金沉水底。必得陽木以泄之。陽土以障之。乃免漏枯之患。否則不見一點土木。而獨丙火透干。爲眞化水。亦潤下格。貴不可言矣。

（癸巳時）辛日癸時。月提在子。癸水食神。通於月氣。其秀非凡。時逢巳火。可去金寒水冷之病。雖巳爲戊祿。然亦爲金之長生。故無傷乎癸水。獨忌年月有土。則如奕之失一子。而全盤空矣。最好有金木亦無礙。

（甲午時）辛生子月午時。子午冲而火水未濟。然因甲木透天。承水生火。仍是時上一位貴格。辛金既被泄於月令。又受尅於時元。柔弱甚矣。故最喜戊己。初不患其過水埋金也。

（乙未時）辛金雖爲子水盜氣。却得未時生之。日干不爲無氣。乙木爲財。出干有子水之資。木亦有根。藉以抑制梟神之奪食。五行分配。頗具中和。苟再輔以比刧。尤覺日元有力矣。

（丙申時）丙與辛合。而逢子月申時。子乃水之旺鄉。申又水之長生。子申會局。即白虎備潤下之水。既富且榮是也。倘再年月透壬。年支坐辰。其貴更甚。若見戊己。則源清成流濁。終身貧賤飄泊矣。

（丁酉時）子月水盛金衰。辛金雖潤欠溫。虛而弗實。妙在丁酉時。丁火祛寒。酉金通氣。配合殊佳。倘有四字。以五行言。陽水不忌。但畏癸水見木。則配以金。有土則雜以木。庶得之矣。

（戊戌時）失令寒冷之辛金。固不妨正印以生之。但因戊戌純土。勢將埋沒辛金。過制子水秀氣。故以土厚過分爲慮。最好歲月甲透。以爲土病之藥。或則比刧泄土。扶水。則亦病藥相濟。

（己亥時）月令子水。時元亥水。匯匯失令柔脆之辛金。不勝食傷之盜泄。則己土梟印。亦可借著。但因天寒地坼。濕泥凍結。故必輔之以火。俾土氣融化。金水温潤。陰木最忌。水亦弗宜。

辛日丑月

（戊子時）　辛金生於丑月。己土梟印司權之日較多。時逢戊子。戊又正印。生氣不薄。何妨子水食神。以泄辛金之秀。然而時序嚴寒。不有丙丁之出干。終覺索然無生氣。但見丁火。還須有木生之。不及天然之丙火為高。金水二者寧可不逢。

（己丑時）　丑月辛金。土旺金相。時再己丑。土厚金埋矣。以土為病。以木為藥。但甲木畏己合，遠遜乙木。倘能年坐寅而見丙。或月透丁火。日坐卯木。雖非上選之格。亦不屬於中下。

（庚寅時）　辛生季冬。己土用事。辛金有根。益以時上庚金扶助。日元不弱。則時支寅木財星。允是命中瓌寶。蓋不但疏土而養命有源。兼係火之長生。土煖金溫矣。若再坐於巳火。或丙火透。定然門充駟馬。富貴絕倫。

（辛卯時）　丑月土旺用事。辛金不愁無氣。時又逢辛。身旺足以任財。然而卯木無根。又受比肩挾制。最好有火制金。又日坐於亥未。庶幾木氣健全。寒冬轉煖。頓呈繁華氣象矣。

（壬辰時）　丑月又值辰時。丑位北方。辰為水庫。所以皆為濕土。辛金有埋沒污濁之慮。時干見壬。似可蕩滌泥土。顯露辛金。奈以季冬之月。正值嚴寒。水土沍結成為冰塊。故必丙火祛寒。以融化之。輔以疏土生火之寅卯。更其出色驚人。

（癸巳時）　丑中藏己土辛金癸水。辛金生丑。癸水出干。雖不透己。而巳在旺令。則土與金水無不上下之氣相通。更喜巳火散寒。巳丑會而幫扶。苟生丙歲。則官星得祿為用。若無丙而坐子。則為食神得祿。有氣勝財官矣。然不問為食為官。木終所喜。

（甲午時）　丑月天寒地坼。雖云土旺金相。亦有寒土不生之慮。所以丑月辛日。喜有木火調和也。茲則時逢甲午。以療水冷金寒之病。如再年日坐亥。或干壬癸。是必富堪敵國。貴壓百僚矣。

（乙未時）　丑月未時。丑為金庫。藏辛。未為木庫。藏乙。以丑未之冲。辛日逢乙。乃是身旺財豐。庫開必發之命。獨忌見金致比刼奪財。火則喜其溫煖。水則喜其生木。但皆以少為貴耳。

（丙申時）寒冷之辛金時逢丙申。既喜丙之禦寒。更宜申之扶助。但月支在丑。己土正旺。頗覺火力不強。是宜其餘干支之中。配以木火。庶幾無疵可求。即地支見寅巳而犯刑沖。亦弗忌焉。

（丁酉時）辛日酉時。歸祿根通。生當丑月。土旺用事。酉丑會局以助辛金。確乎生旺。更喜丁火之透。以去蕭索之氣。寒土煖而能生。冷金溫而燿采。如再有木生丁。斷無不發。獨忌陰水。土金亦非所需。

（戊戌時）辛金而天干見戊。地支月丑時戌。重重印綬。有慈母害子之嫌。是必甲木制戊。并須日坐於亥者。方成有病有藥之佳造。若無甲亥兩者。則必生性頑愚。終身勞苦無疑。

（己亥時）月令丑中己土透出。以生辛金。日元可謂生旺。時臨於亥。雖有淘金涮土之功。而亦增其寒冷為嫌。所以餘柱必須有火濟之。而陰火更宜有木。否則不及丙火太陽之有效也。土非所宜。金亦不喜。

壬日寅月

（庚子時）壬為陽水。生於寅提。木旺火相。時逢庚子。庚為生身之印。子為幫身之刃。此猶春冰解凍。化作巨流。雖有寅木泄水。力尚不夠。必也。寅中戊土當頭。始成貴格。倘再見丙。既貴且富矣。

（辛丑時）壬水生臨寅月。寅為壬之病地。得時干辛金生之。氣勢轉強。時臨丑土。在此際不關痛癢。因丑位北方。性為濕土。初春寒氣未除。難起化學作用。最好寅中丙戊並透。不失為優越之造。

（壬寅時）壬水遇寅月寅時。食神盜氣甚深。喜有時上比肩助之。但壬水既病於寅。則兩壬不及兩寅之強。還須比劫幫扶。庶可均衡局勢。惟若以寅為用。則陽金忌見。陰金無妨。

（癸卯時）壬生寅月。木旺司權。又遇卯時。泄而又泄。所以時干癸水。喜得幫身也。但因衰病之壬癸。雖勝當旺之寅卯。猶病母之臨盆。非大補不為功。所以金水生扶。誠必要耳。

（甲辰時）寅月壬水。寅中甲木。得透時干。食神得祿。木愈秀而水愈衰。是宜干支見金。俾其泄土制木。並生起壬水。

惟庚申陽金。不及辛酉陰金。恐損食神故也。

(乙巳時) 初春建寅之月。木旺火相時逢乙巳木火。乙旺於寅。巳生於寅。壬水日元。被泄而不能任受其財。最宜年月見金相生。方克勢均力敵。不可再見木火及土。惟比刼之水。其所喜而與金等

(丙午時) 壬日值丙午時。偏財臨於旺地。時在孟春建寅之月。乃丙火之長生。寅午又會火局。使壬水生氣毫無。倘不見官殺之土。生身之印。幫扶之水。祇有木火。則是棄命從財。大富之格也。否則必須金水相救。木火土為忌神矣。

(丁未時) 丁與壬合。生當旺木之寅提。時元又值木庫之未土。假使餘柱。不雜一點金與土。乃丁壬化木之命。若以強弱而論。則壬水究為無力。年月以有金水生扶為良。

(戊申時) 壬水雖生病地之寅。然值長生申時。不為無力。戊土透干。以殺為用。但照時令而論。還須金生水助。木雖可以制殺。而弱水不宜再泄。至於火土之當避。不言可喻矣。

(己酉時) 孟春之壬。以得生扶為宜。時逢於酉。正印相生固佳。但此際亦屬力薄。所以天干之上。還喜見金。則弱水有源。良以時干己土。究尅壬水。苟其金不透干。則己土專尅其水。而無所泄化耳。

(庚戌時) 壬日而遇寅月戌時。寅戌會火局。財旺身衰。喜得庚金印生。增長壬水力量。然而消息於輕重強弱之間。猶是木火熾於金水。故仍宜有金水。為之生扶。木火與土。理所不喜。

(辛亥時) 壬水日干。時逢辛亥。辛金正印資生。亥水日祿通氣。雖在寅月木旺之時。寅亥又合。亦不以泄氣為嫌。其餘干支。如見土木。則還要有金。倘有火則仍當見水。方期中和。

壬日卯月

(庚子時) 壬水日干。生於卯月。壬死於卯。木泄弱水。非得生扶不可。時遇庚子。庚金為之源。子水為之流。源遠流長。

壬水轉弱為強。所以餘柱須木以泄秀。有火則成富。土則喜戊不喜己。以戊土成殺刃相濟也。

（辛丑時）卯月木旺水死。壬水休囚。時逢辛丑。辛為正印。丑雖官星而為金庫。位居北方。故以官印為用。切忌干透丙丁。以傷辛金之印。木雖弗忌而宜少。金水力薄不嫌多。土少不妨。以其生起辛金耳。

（壬寅時）壬水既病於時元之寅。又復死於月提之卯。類唐巳極。雖時干透壬相扶有情。但同病祇有相憐。不能為力。必須柱中有金。以發壬水之源。即逢申酉相冲。亦是喜而弗忌。不可再見火土。使壬水不勝應付。

（癸卯時）日干壬水生卯月卯時。死地重逢。絕鮮力量。雖癸水刼財相扶。亦以泄氣而幫身徒具虛名。故若有金相生。乃傷官佩印。大忌見火。蓋財能壞印。有類根斷源消。木土亦忌之

（甲辰時）壬日卯月。傷官泄氣。何堪時又甲辰。卯辰會東方。甲木乘旺於卯。幾乎全盤皆木。然若四柱無金與火土。則為從兒貴格。倘有一點火土。參雜其間。則須庚申之陽金。削木生水。方是有病為貴之造

（乙巳時）壬水生卯月。卯中一木。透出時干。傷官得祿。時支巳火。雖為財貴。奈身主不能勝任。最好巳中之庚出干。不但壬水絕處逢生。且乙庚相合。以阻其泄壬之氣矣。木亦不宜。

（丙午時）仲春卯月。木旺火相。此時之壬。當然失令。時遇丙午。偏財任旺。致無根之水。祇有棄命從財。但必年月皆火。更無一點土以晦火。方為眞棄眞從。否則須有大量之水。幫扶輔之以金。亦富豪之造。

（丁未時）壬日未時。月令在卯。卯未會局。時干透丁。丁與壬合。是乃化木格。惟餘柱祇可見木。方為眞化。否則須賴金以生之。水以扶之。始克用取傷官生財。然弗論從化。或用傷財官殺之土。終忌見也。

（戊申時）壬生仲春。卯木傷官相泄。時臨申位。長生相資。申金又承戊土生之。以成偏官偏印之格。蓋戊有卯制。七殺有制。為偏官也。其他干支。如見木火。則以金水配之。更為美滿矣

（己酉時）壬水泄於月令之卯。生於時元之酉。一泄一生。雖逢冲而銖兩相稱。己土官透。生其所坐之酉。再受卯木威脅。可置官星於不論。即使柱有火土。仍以印綬之金為命之精華也。

（庚戌時）壬水命元，時臨火庫之戌，月在火相之卯。卯戌六合，縱有庚金。亦遭火熖。滅弱生水之力矣。不宜木火。固不待論。唯土則畏戊之尅壬。而喜己之生庚。宜辯別之。

（辛亥時）卯月死氣之壬。而時遇辛亥。正印與日祿生扶。幾有返弱爲強之勢。祇以亥卯會局。而此時辛值絕地。所以生扶之效用。幾等於零。還宜再來金水。以振作辛壬之氣。木火與土。愈少愈妙。

壬日辰月

（庚子時）壬水生於辰月。厚土壅塞。而水不流暢。卽是弱象。或謂壬乃大海。無身弱之說者。須知石爛海枯。海雖大而能枯。焉能必不謂弱哉。好在時逢庚子。庚之源。子之流。不啻崑崙。江河所從出。而匯於大海。返弱爲強。勢將橫決。必得一戊。作之隄防。乃以殺爲用。刃殺相濟之佳造也。

（辛丑時）辰月土旺。壬水休囚。再值丑時。雖丑辰皆濕土。亦足以制衰弱之壬。幸而時干辛透。印綬相生。使壬水有氣。如年月再有一木疏土。尤爲美滿。如無木疏土。則須柱有庚申以泄旺土。亦不得已而求其次之道也。

（壬寅時）辰月庫中之壬。水源被旺土所塞。則時支之寅。洵足以啓其閉塞。使水流通。況又比肩助之。等於兩匯交流乎。如再有金。水有所承。而土有所泄。斯更美矣。忌戊己而不忌木火。

（癸卯時）壬水日元。死於卯而墓於辰。今以辰月卯時。縱有癸水補助力微。須賴金生。否則等於停留之死水矣。然若坐寅透甲。東方一片秀氣鍾之。其他不見一點土金。則取從兒格可也。

甲辰時）壬值辰月辰時。旺土相尅。殺重身輕。甲木透於時干。縱能尅制旺土。但亦盜泄水氣。猶欠十全。必也。柱中有金。則弱水可生。厚土以泄。甲木雖與對敵。但因三春之木。金所不能剗盡根株也。

（乙巳時）三月土旺之壬水。源流被塞。辰中藏乙。得露時干。可以疏水道而導海流。惜乎時臨巳火。受乙木之生。而轉生土。增厚土質。助虐爲虐。所以最妙年日坐申。不但壬得長生。或見金透。旺土泄氣。而又巳與申合。木爲金制。

火旣無所稟承則太過之土亦不獲遏矣。

（丙午時）季春土旺用事。壬水生此。水爲土掩。乾涸可虞。豈宜再逢丙午純火時元。以生旺土。苟再年月有土而無金水。木迫之棄命而從殺。反以火土爲喜。水木爲忌。如以辰月而不作從格論。則非大量金水生扶。定必眞窮假富矣。

（丁未時）丁壬雖合。惜乎辰月土旺之時。雖曰木有餘氣。究竟合而不化。況又未時。未土亦旺。故與上條丙午時理論相同。必須並見金水。則水有所生。土有所制。尤須水多於木。爲先決條件。否則還是身弱。

（戊申時）壬水生辰提。辰中戊土出干。身衰殺旺。好在時落於申。爲壬水之長生。辰與申又會局相助。格爲殺印相生。而其身殺兩強之妙。如再干頭見甲。直接以制旺殺。更是十全。降格以求。則以庚易甲亦可。

（己酉時）辰月酉時。辰酉六合。土勢從金。壬雖休囚。倘得生氣。所惜時干己土。終覺贅疣。是宜以金泄之。或有乙木傷之。乃全中和之道。大怕見火。以及陽木。防火資土。而甲與己同化耳。

（庚戌時）壬生於辰。乃少年不發庫中人之象。時逢庚戌。辰戌相冲。所謂墓庫逢冲必發。又有庚金。以爲壬水之源。因是殺印相生格也。惟考時令。終覺土旺而殺重。所以火土爲大忌。金水爲喜神。佐以一點之木。則美不勝收矣。

（辛亥時）辰月庫中之壬水。最喜辛金之透。俾衰水有所生。旺土因以泄。況又時臨於亥。乃壬水日祿之鄉。大可返弱爲強。假殺爲權矣。故金水不必再見。木火宜少。土則獨戊一甕已足。

壬日巳月

（庚子時）壬水生於巳月。火旺土相之時。故壬絕於巳。時遇庚子。巳中庚透。印值長生。壬水已非無氣。加以時臨子水。爲壬之旺鄉。因而返弱爲強。不忌巳中丙戊。但不可多見火土。若戊土獨透。則木之制殺。爲不可少矣。

（辛丑時）巳月火旺土相。壬水逢絕地。時臨於丑。丑中辛金正印透出。已可絕處逢生。況巳丑亦會局生壬乎。不忌戊土以能生金之故。獨忌丙火透干。蓋與辛相合。定為失時之兒。若見丁直接尅辛。反不甚忌。因丁被壬合也。

（壬寅時）巳月壬日。時臨寅。壬病於寅。絕於巳。即有時上比肩幫扶。亦無力量。必須巳中庚金出露為上。否則縱使年月比劫重重。亦猶一羣老弱殘兵。不經一擊。此條關鍵。全在庚之有無。最忌土木。

（癸卯時）壬水生於初夏。火土旺相。時逢癸卯。卯木生起旺火。財多身弱。固喜金水生扶。但時干之癸。乃是陰水。同被木泄火熖。故與上條壬寅時理論相同。亦須有金。乃成貴格。不過透庚則忌丙。見辛總畏丁耳。

（甲辰時）火旺土相之巳月。再逢甲辰時元。甲雖疏土。亦慮其泄壬水生旺火也。如餘柱有火土。無金水。貧夭之命。蓋辰為壬庫。故不能從財殺。最喜大量之金水。

（乙巳時）壬水日元。生巳月巳時。兩逢絕氣。蓋以乙木相泄。而生當旺之火。無根之水。亦惟棄命從財耳。如從財不能澈底。必也。年月透庚。地支或逢申亥。成財命有氣之造。富亦可期。

（丙午時）壬水生於孟夏。火氣日進。水勢臨於垂絕之地。其所不絕如縷者。僅有巳中藏庚暗生。今以時為丙午。火旺已極。非得壬庚透而坐子申不可。否則金水毫無。祇有木火。是誠棄命從財。為入贅之齊皃。

（丁未時）丁與壬合。財來就我。時令旺火。故不化木。時值未土。質雖土而位於南。巳未拱午。財旺身衰。必須比劫之助。以分財力。而輕壬水責任。但比劫尚嫌無根。還要有金生水。始為貴耳。

（戊申時）壬水在巳月為絕地。遇申時為長生。是真生逢絕地矣。但戊土殺透。得祿於巳。縱巳申合。亦難使土之壓力減低。必須生於庚年。則為辛月。金氣生旺。或壬水自坐於子。方許威權蓋世。

（己酉時）壬日酉時。正印坐身。月令在巳。巳酉會局。己土雖制壬。然因生金之故。不致尅壬太甚。所謂貪生忘尅。由是以斷。則財官未嘗不可為用。切忌見木。不但生火制金。且官星亦被所傷矣。

（庚戌時）巳火月建。固是壬水絕地。然巳為庚金長生。庚透時干。壬水絕而復續矣。時元之戌。本質為尅水之土。且是火庫。於是火土憑生旺之勢。以凌轢壬庚。因而財殺旺於日主。須年月暨日支。再得金水生扶。以平衡之。

(辛亥時)　壬日而逢巳月亥時。亥為壬祿。遂與旺火相濟。至云無根之水。不勝火力者。幸有時上辛金正印為之補救。故年月之間。不怕再見財官。壬日辛時。如遇丙年癸月。又年申日寅者。誠絕類離羣矣。

壬日午月

(庚子時)　午月火盛已極。壬水當然力薄。但因時值庚子。有庚金母體相生。子水旺氣為助。大可轉弱為強。其餘兩干兩支。但教不全是火土。則壬水終有力量。以任財官。或獨戊透出。即不見木。亦不妨矣。

(辛癸時)　壬水生於午月。火旺土相。時逢辛丑。丑雖尅壬。然位北方。又是金庫。丑中辛透。印綬相資。搭配五行。頗具中和之概。祇教不犯丙丁。使辛金保全。為第一義。其他如金水固喜。即土木亦未必為忌。

(壬寅時)　壬日壬時。比肩相助有情。時臨於寅。食神盜氣。與月令午火會局。頗具水火既濟之象。惟總喜金則水有源。其餘干支。有木火。亦須配以金水。否則便不平均。至於官殺之土。終以不見為妙。借曰不能。則應以印綬啓承之。

(癸卯時)　午月之壬。水衰火盛。時逢癸卯。癸雖同類相扶。但卯木洩弱水而生旺火。究尚木火有餘。壬癸不足。最好得見庚辛申酉。則壬癸有源。木火勢抑。而平衡矣。大忌再逢火以尅金。土以尅水。木以生火。

(甲辰時)　壬生午月。正在火熾之候。時逢甲辰。甲木生火。午火生辰。無源之水。豈能調和。故宜年月金水生扶。倘柱中復有木火與土。則身弱可慮。決非奮發有為之輩。

(乙巳時)　巳時午月。再有乙木。生旺火。此時之壬。衰弱已極。全仗巳中一點庚金。為返魂之香。但庚藏不露。猶覺畫餅充飢。必須出露干頭。或日坐於申。方克以抑其有餘。補其空虛。

(丙午時)　月午時午。即無丙火透干。壬水已不能任受其財。何況時又見丙。祇有棄命從財。乃餘柱反喜見木火而忌金水。如見土。便當從殺不從財。若欲有力任財。則惟有庚年壬月。地支再坐子申耳。

(丁未時) 火旺土相之午提。丁壬雖合不化木。丁祿於午。正財得祿。午與未合。南方之勢連橫。無根之壬。何能與火相濟耶。柱中金水毫無。偏重見丙火。支坐寅戌。從財並無疑義。否則祇喜重重金水。亦有病得藥之理也。

(戊申時) 壬日而値戊申時。殺印相生。但月令在午。爲戊土之旺氣。而申金雖係壬水長生。因受午火威脅其生水之力以減。必須庚透干頭。則庚祿居申。並洩戊土。而克和諧矣。

(己酉時) 午火月令。丁己同宮。時値己酉。己土得祿於午。生起坐下酉金。壬水日干。成爲財官印相生。但酉畏午之虎視。必須辛金出露。得祿於酉。印綬方能有力。如有得地通根之水。亦甚需宜。

(庚戌時) 時上庚金。生起日主壬水。但時臨於戌土火庫。與月提之午火會局。致庚金大受打擊。除非地支見申。庶幾庚金通根。再見一位癸水。以遏方張之焰。俾臻十全。木火與土。猶爲厲禁可也。

(辛亥時) 亥時壬日。名曰日祿歸時。再有辛金相生。雖在午月火熾。亦可勝任其財。壬水既返弱爲強。不畏天干有土。蓋土生辛印也。木火亦所弗忌。

壬日未月

(庚子時) 壬水生於未月。未雖陰土。而性則燥。故喜時上庚金之生壬。時支子水之助壬也。金水既盛。雖土旺而日元不弱。但總忌丙火太陽之熱烈。與戊土之重壓。如得木以疏旺土。如甲年必爲辛月。雖地支有巳午。亦是秀發之命矣。

(辛丑時) 未月土旺。此時壬水。原賴金生。時爲辛丑。丑未冲而土不壅塞。但嫌水勢不盛。必可暢流無阻。而無黃河改道之弊矣。土去生金。則辛金母氣亦健。不過三伏炎天。大忌丁火傷辛。即午火亦忌。土旺且多。當然不喜再見。金水木三者平均。即是佳命。

(壬寅時) 壬日而時又透壬。同氣有情而得助。雖生土旺之未月。尚不致十分受窘。時落於寅。雖可疏土。然係丙戊之長生。所以天干不可再見丙戊爲第一條件。年月能逢金以生之。幷點綴少量之陰木陰火。即是大用之造矣。

（癸卯時）壬水生於季夏。土旺用事。水力不強。時逢癸卯。喜卯木之制土。且卯未之會局。又有癸水助之。則尅水之土力以減。但夏令水易乾涸。須再得金、以發其源。有金必貴。無金則庸。蓋無疑義矣。

（甲辰時）壬生未月。時落甲辰。土多且旺。甲木疏土之力不足。日主尅洩交加。必須歲月之間。得金以泄旺土。生衰水。再見另木爲補助。始是優等之造。火土之當忌。自在想象中矣。

（乙巳時）季夏己土司權。壬水日元。受其尅制。則時上疎土之乙木。允爲喜神。惜乎時臨巳火。乙去生巳。巳來生土。致使助土之效能。多於尅土之應用矣。最好巳中庚透。日坐申金。或爲辛亥年命。不失中上之命格。

（丙午時）壬水生於土旺用事之未提。再逢丙午。財臨旺地之時元。火土重重。使壬水大受威偪矣。補救之道。唯有庚壬俱透。而申亥在支。庶幾勢均力敵。否則財官旺而日主弱。再逢旺地必傾。若見子丑相冲。亦降格以求之意也。

（丁未時）丁與壬合。化則爲木。月建在未。須在土旺用事之前。方可言化。若已進土王。支見兩未。再有未中丁火透而生土。財官太過。火土爲病。水木爲藥。然即水木出干。而壬尙無根。故尤以干支見金爲要着也。

（戊申時）土旺用事之時，而時干見戊。使未月之壬水。受制極深。幸也。時支爲申金。以生水。壬得長生。不過尙嫌殺重。須得木以制殺。然有木又須有水。因弱水畏木盜洩也。金如孟母之賢。火則助桀爲虐。

（己酉時）月令未中藏己。出露時干。雖陰土而嫌太過。喜得時臨於酉。壬水得其相生。以成官印相生之格。然而尙嫌金少。須得辛金出干。則印綬得祿。水源不竭矣。切忌丁午二火。以傷其印。丙亦不宜。巳火無礙。以巳酉會局故也。

（庚戌時）壬水生未月戌時。皆係燥土。受尅甚重。所喜庚金梟印。透於時干。泄土生水。以庚爲用。柱中如無木。則土總嫌厚。但有木而無水。則無根之木。易受庚金斵喪。即使水木並見。還要無火尅庚。始臻上乘。

(辛亥時)　壬水得祿於亥。再有正印之辛。雖在土旺之未月。似可返弱為強。但因亥未會局。卽有制土之功。亦有泄水之累。區區辛金。力猶不足。還須支坐申酉。以助生機。苟能如是。則雖有火土出干。亦不為害矣。

壬日申月

(庚子時)　壬誕申月。長生之度。氣勢已盛。時為庚子。庚金得祿於申。壬水乘旺於子。子辰會局助壬。絕頂身強。必須見戊土出干。作之隄防。更宜有火生土。否則一世空權。己土無用。木亦不喜。若一派金水。則作從旺看。

(辛丑時)　壬生申月。長生相資。辛金透出時干。得丑土相生。而又乘旺於申。相生太過。身旺無依。必須火土並見。以為挽救。但見火則丙不如丁。以丙與辛合。見土則己不如戊。以陰土難障狂瀾。土厚而有木參加。則更超脫矣。

(壬寅時)　申月長生之壬。豈宜再見壬水。以成橫流氾濫。則時元寅木之泄水。原無可訾。但因寅申之冲。寅如朽木。於事無補。除非年月透甲。則食神得祿。若寅中丙戊透露。亦佳。

(癸卯時)　孟秋金旺水相。日壬時癸。水有金生。頗具實力。故時支之卯木傷官。絕不慮其泄。而反覺其秋木不榮矣。喜乙木透干。無乙而有火。以鑠旺金。存弱木。亦可愉。既取傷官。則以見金為大戒矣。

(甲辰時)　壬水長生於申。墓庫於辰。然辰土為甲木所制。旺金所泄。申辰又會。致有隄防潰決之象。是應戊透年月。以成食神制殺。再能配合丙丁巳午之一。方榮華無比之造矣。

(乙巳時)　申月之壬。母氣甚健。時逢乙巳。雖曰傷官生起財星。惜乎傷官力薄。且巳申相合。財有所絆。以致乙巳木火均不足以為用。宜多見木火土。若巳中丙戊兩透。尤為偉大之造。

(丙午時)　申月金旺水相。故壬水甚為有力。時逢丙午。財星乘旺。天生富格。年月之間。若有木。還須有金有火。仍宜得水。始是身旺財宏。或土透天干。不須木制。祇以金水生扶為合矣。

(丁未時)　壬水值申月。當然旺相。理喜財官。丁未時元。恰喜財以生官。丁雖財來就我。不作化木論。而較量其間。猶是金水盛於火土。所以地支不妨坐午。以通財官之氣。天干逢食或傷。以爲財星之根。必大富貴矣。

(戊申時) 申月申時。壬水兩値長生。金愈旺而水愈盛。大有秋潮奔放之慮。則時上戊土七殺。洵足以鎮橫流挽狂瀾也。但申中藏戊庚壬比較金水猶衆。最妙得火以生其戊土七殺。切不可再逢甲木。苟見甲來尅戊。則涓涓不塞。爲可慮矣。

(己酉時) 壬日而生申月酉時。生氣太過。況己雖屬正官。却被旺金所泄。則陰土虛而不實。易爲壬水所冲涮。必得有力之火。以生己土。庶財官印三寶相生。爲一世安然有福之命。但談不到任何建樹發揮耳。倘其見木。更有敗無成。

(庚戌時) 壬日庚時。月提申建。庚祿居申。金氣太過。時支之戌。雖火庫而屬土。但因位在西方。申戌拱酉。終覺金多水濁。所以年月須見丙或丁。而地支再有木火輔之方妙。否則見戊亦宜。

(辛亥時) 壬水生申月亥時。月坐長生。時臨歸祿。再見辛金乘旺於申。以生其水。一派金水之氣。但教柱無一點火土。則以從旺而推。否則縱見火土財官。亦須有力。若火土力弱。支見寅巳。犯旺者冲衰衰者拔家破人亡之命。

壬日酉月

(庚子時) 壬日庚透酉月子時。壬旺於子。庚旺於酉。金清水白。生旺非凡。理喜火土財官。或木火傷食生財。不可再有金水。否則金多水濁。身旺無依。鰥寡孤獨之命。

(辛丑時) 壬水生於酉月。金旺水相。時遇辛丑。辛祿居酉。正印通根。酉丑會局。生氣太過。以土金爲病。以木火爲藥。然陽火之丙。與辛五合而受牽掣。不如丁火出干。輔之以木。或坐於午。乃大富之命矣。

(壬寅時) 酉月金旺。壬水承母氣而生。不爲身弱。時又透壬。兩水匯合。交流頗具太過之象。時臨寅木。以泄其水。然因秋木氣衰。不足以吸收大水。除非寅中甲丙戊三者。得透其一爲妙。但丙爲兩壬夾攻。故還須支有午戌助之。

（癸卯時）　壬日生於酉提。甚爲有氣。又有癸丑幫扶。日元強甚。時落於卯。雖可泄水。但以卯酉之冲。枯木難以吸水。是應年月乙木出干。支坐亥未。以木爲用。但若不逢火運。仍是孤寒。

（甲辰時）　壬水生於酉月金令。辰酉再合。生氣十足。甲木食神。固爲秀氣。奈何失時。必須寅亥在支。雜以一點丙丁。始可駿發。庚申陽金。乃大忌之神。

（乙巳時）　酉月壬水。生旺之象。時逢乙巳。傷官生財。惟巳爲金之長生。巳酉再會生氣之局。乙木此時。又在絕地。遂使木火等於虛設。若不透丙火。見卯木。定是庸流。丙卯兩者見一。縱得志亦非絕頂偉大。

（丙午時）　壬生酉月。金水相通。時逢丙午。偏財乘旺。乃財命有氣。安富尊榮之造。不可見土。以其晦火尅水。最好金木並透干頭。或干支金木交差。始是石崇王顗一流人物。

（丁未時）　仲秋酉月。金旺而木氣休囚。卽使壬日丁時。斷不能丁壬化木。生旺之壬。有丁未一財一官。合諸酉金正印。成爲三寶相生。純正之象。爲庸庸多厚福之命。如年月再見一位己土。亦無礙。最怕戊土。至於金木兩者。原亦弗忌。惟不可太多耳。

（戊申時）　八月酉建之壬。正值秋汎之時。益以長生之申時。氾濫之勢已具。則時上戊土。以爲隄防。原屬必要。所謂身強殺淺。假殺爲權者也。縱無傷食之木。亦不慮其七殺無制。如有木。必須有火扶殺。

（己酉時）　月時二酉。以生壬水。金水多而勢威。區區一點己土。焉能爲中流砥柱。必須支有午未。干見丙丁。方可以財輔官。若無火。陰土反爲激流所衝。毫無用處。必致桀驁不馴。犯法戕官。爲社會之蟊矣。

（庚戌時）　壬日而生酉月庚時。不啻經三峽奔流急湍。喜得戌時火庫以障之。土力尚嫌不厚。須火土兩透。支坐寅午。方是權利過人之命。金水不必再見。木則乙不如甲之有用。然見木必須有火方妙。

（辛亥時）　酉月壬日。時逢辛亥。亥爲壬祿。酉爲辛祿。金水雖則相涵。不免生旺太過。喜得亥中藏甲。但教出干。再無正印梟神之金。以戕其木。則此一點秀氣可用。必成顯宦。至少爲科學權威。有火土而若少。反嫌糅雜。

壬日戌月

(庚子時) 壬水生於戌月。秋末土旺用事。時逢庚子。梟印羊刃生扶。壬水轉強。故喜戌中火土透干。然丁己不及丙戊有力。殺印帶刃。可操生殺大權。木則非所忌也。

(辛丑時) 壬生戌月。中藏辛金。透出時干。相生有力。然因丑戌兩土相尅。官殺不清。是宜甲透天干。以制旺土。惟秋令木不強盛。有木還喜有水生之。若柱中有金。則生之太過。不妨以火銷鑠之。但怕火多之助土塞水。

(壬寅時) 戌月壬水。戌爲丙戊之庫。時臨於寅。又是丙戊之生。寅戌會局。本覺火土過旺。而喜時上壬水扶之。戌中雖藏辛。究未能直接相生。故以干頭有辛。地支見酉方妙。火非所喜。土亦怕見。

(癸卯時) 季秋土旺司權。壬水受制。原喜癸水幫身。卯木制殺。無如卯與戌合。癸水乏力。必須見酉冲卯。或以辛金勳之。苟無辛金。則代以庚申。如金氣全無。則必一生遭小人而親離衆叛。

(甲辰時) 壬水日干。生於戌月辰時。已屬身輕殺重。喜得甲木尅之。然而斯時土旺用事。木弱無力。必有刼比生甲。傳食助甲爲妙。得有亥卯在支。尤如三徑之松。毫無凋零氣象矣。大怕有金。庚更可畏。

(乙巳時) 三秋壬水。生氣少而尅氣多。時臨乙巳。乙生巳而無疏土之功。壬水甚衰。必得金水配合。以爲撫翼匡直。始能調劑於平。

(丙午時) 壬生九秋。日令在戌。戌爲火庫。時臨丙午。午戌會局。幾乎全局皆火。壬水孤單。致有杯水車薪之概。必得比肩以過其火。又以金生其水。方克任其財星矣。土雖泄火而制壬。木則泄水以資財。皆不宜也。

(丁未時) 壬日而值月戌時未。兩土皆藏丁火。丁透時干。雖與壬合。財來就我。但總財官太過。日元羸弱可慮。不可以木尅土。恐其生火爲累。祇合以金泄土生水。即是釜底抽薪之法也。

(戊申時) 壬日申時。爲値長生。月令在戌。戊透時干。雖可生金。究嫌尅水。以此際土旺用事也。必須金木並見。庶水有所承。土有所制。大怕見火。以其爍金資土。有害無利耳。

（己酉時）戌月酉時。壬水爲殺印相生。時干己土。雖有生印之功。亦有黨殺之弊。故與上條戊申時相同。仍須將當旺之土。泄之以金。抑之以木。不宜火之銷金生土也。

（庚戌時）壬水而月時皆戌。殺重身輕。縱得庚金爲緩衝。還當陽木陰水相輔助。或以甲雖疏土。然被庚金斧斤所砍。必也。有水以緩衝。俾秋木克施其技。

（辛亥時）九秋之壬水。土旺司權。壬水雖冠帶在戌。猶將及成童。尚有關殺。好在時爲辛亥。既正印之生身。更通根於歸祿。則先天強而後天攝養亦宜。自可免於大患矣。即見戊透。亦不爲忌。更何慮乎木火哉。

壬日亥月

（庚子時）壬水日干。祿於亥。旺於子。亥月子時。干逢祿旺。即無時干庚金之生。已屬天下滔滔。必須年逢戊土或丙。而日坐寅木或戌土。差免橫決之患。若其餘干支。並無火土。仍多金水。則以從旺而論可已。

（辛丑時）壬水生亥月。格名建祿。喜火土之財官。忌金水之生扶。時逢辛丑。又有辛印相生。丑雖正官。然以亥丑拱子。位次北方。無從補救。必須干有火土。如丙年己月。支逢寅午戌。庶五行抒配中和耳。木無所用。蓋有金制。且寒木原不華也。

（壬寅時）亥月寅時。寅亥雖合而未能如寅月亥時之可化木。再有比肩之壬。則犯建祿之忌。寅中丙戊暗藏。但願日坐於戌。丙戊得透其一。則財官亦非無根。若柱中竟無火土。祇見甲乙。如甲年必乙月。爲秀氣所鍾。必文名滿宇內。

（癸卯時）亥月建祿之壬水。喜尅泄。忌生扶。時遇癸卯。忌癸水之扶。喜卯木之泄。亥卯會而木更有氣。惟寒氣日進。木不發揚。最好年月見火以暖之。則欣榮有自。用取傷官。亦極秀之命。大怕見金。如再見水。則根將腐蝕。木火節

一、土無出入。

(甲辰時)　壬生亥月。水旺木相。亥中藏甲。出露時干。食神有氣。原勝財官。無如時落於辰。乃是七殺。遂不能單用甲木。而以食神制殺爲用。大喜戊土爲配。切忌印綬。以免食神之木受傷。生旺之水加強。倘能有火。更形完善矣。

(乙巳時)　壬日生亥月巳時。巳亥雖冲。而無足慮。良以旺水生起時上乙木。巳火有所秉承也。但較年月之上。不見庚辛。則乙木無損。苟犯印綬。必然名利兩空矣。土不爲忌。

(丙午時)　亥月得令之壬水。自以財官爲喜。時臨丙午偏財乘旺。足爲養命之源。成既濟之象。其他干支。最宜以木輔之。則財更有根矣。若干見戊己。則以財官而論。金水生扶。總以避免爲妙。

(丁未時)　壬日而逢丁未時。月令在亥。爲木之長生。丁與壬合。亥未會局。謂爲化木。似是而非。良以時令在冬。不比三春也。是當用取財官。四柱終以火土爲妙。倘有木而無土。則宜專用財星。支有午火。乃如雪中送炭。更可貴矣。

(戊申時)　壬日申時。爲逢長生。月提在亥。又值建祿。生旺已極。則時上戊土七殺。正足以遏阻太旺之水。惟戊土爲申金所泄。還是身強殺淺。必須有火以資之。甲木制殺。反爲大忌。土可助殺。自無抵觸也。

(己酉時)　壬祿在亥。壬日亥月。爲建祿格。不宜生旺。唯喜財官。時臨己酉。官星雖透而無根。酉金生身而助勢。故必干見丙丁。或則支逢午火。俾官星有氣。如無火而透乙。則傷官見官。爲禍百端矣。

(庚戌時)　壬爲陽水。生於冬初。亥爲日祿。正在生旺。時元庚戌。不喜庚金之生。而喜戊土之尅。最宜戌中丁戊透干。以抑太旺之氣。若地支見午。則更喜甲寅陽木生財。且殺亦乘旺逢生矣。

(辛亥時)　亥月壬水。再逢亥時。兩祿通根。再有辛印。金水相涵。苟無火土相雜。則以從旺而推。或則亥中甲透。地支有寅。是乃食神得祿。其秀非凡。如是則獨忌陽金。水亦不忌。火土財官。固所喜也。

壬日子月

（庚子時）壬水生於子月。身臨旺氣之方。時又庚子。不但旺氣疊逢。更有庚金母氣。如此生旺。非戊土殺透。再輔以火。定爲耗敗之命。或透丙藏戊。富而不貴。然此條無丙戊俱透之理。故大抵非成功之士。

（辛丑時）壬生子月。時臨辛丑。除非有亥。則爲北方一氣。玄武當權之貴格。否則雖有丑土。不足爲用。仍須柱有陽土。障其狂瀾。丙雖大喜。因合辛金。爲所羈絆。所以卽有戊土。或則寅戌。皆非大有作爲之命。

（壬寅時）壬日而時又透壬。月令在子。比刼羊刃幫扶。水旺已極。好在時臨於寅。寅爲丙戊長生。甲木干祿。甲丙戊三者透一。便是通根佳格。但與其透丙而被制。不如見戊爲佳。而一土衆水。更不如甲木因勢利導之更妙矣。

（癸卯時）子月旺地之壬。不宜子中癸透。再來幫扶。妙在卯時。傷官獨秀。以泄壬癸之氣。但區區之木。恐隨波而逐流。故須餘柱再有木火。或則土木並見。則前者花木向陽。旺水可望吸收。後者土抑水勢。使木有所附。方成高等之造。

（甲辰時）壬水以子爲旺地。辰爲水庫。辰時子月。子辰會局。卽見申金。成全水局。其潤下格亦不健全。良以時上甲木泄氣故也。最好日坐寅。年臨卯。寅卯辰一氣。助甲木而鬱蔥秀發。更勝丙戊火土多矣。陽金大忌。

（乙巳時）壬日而值巳時。月令在子。巳火偏財失令。雖乙木泄水生火。奈何陰木力微。大喜巳中丙透月提。則必是甲己年命。或乙年。則月爲戊子。庶財殺得祿。亦富亦貴矣。

（丙午時）子月壬日。値時爲丙午。壬丙子午。雖居敵對之地位。然身旺喜財。頗得身財兩旺之妙。蓋壬旺於子。丙旺於午也。火不當令。柱中還須木火。切忌再有比刼以奪財。若爲壬年。必爲壬子月。而日非寅午戌者。必是破落戶敗家兒。

（丁未時）時支未中丁火。透而就我。雖月臨刼刃之子。因子被未穿。丁不受傷。況丁爲正財。並不畏刼耶。惟丁壬不以化木論。柱中如透木土。木以生弱火。泄旺水。土以制威水。保衰火。乃爲好命。或支有寅午戌亦良。

（戊申時）子月旺地之壬。原須戊土殺透。以爲中流砥柱。奈何時干雖戊。時子逢申。申金泄弱戊土。而爲壬之長生。

子申又復會局。殺弱身旺。金水當然大忌。即甲木透干。亦一事無成之格。惟有乙年丙月。而坐戌土。方可成材。

（己酉時）仲冬子建壬日酉時。酉金正印。以生旺極之壬。奔流激湍。區區己土。勢必爲其衝涮挾泥沙而一瀉汪洋矣。非大量火土抒配。乃無用之命。陽木甲寅亦爲所喜。陰木乙卯。絕無補益。

（庚戌時）壬日庚時。水得金生。況值子月。壬水正旺。時臨戌土火庫。可以銷其明金。阻其暗流。但覺勢力孤單。故必戊透於干。午値於支。成殺刃格。倘再見寅。尤必軍政界之第一流矣。

（辛亥時）子月寒威水旺。壬日而又時遇辛亥。金沉水底。寒冷已極。水旺亦達極點。必也其餘干支。盡是木火或土。方能有所作爲。純木純火純土更妙。多見一分金水。便減低一分福澤。

壬日丑月

（庚子時）壬水日干。生於丑月。壬水之氣衰退。然因時逢庚子。印綬刧刃生扶。仍不失爲生旺。雖子與丑合。或巳土旺用事。究以寒濕之土。有何效用。故餘柱見官殺之土。還不如財星之火。以土有生金之弊。而火則生土袪寒也。甲寅陽木亦可配合。

（辛丑時）壬日而生丑月丑時。衰地重逢。土多而旺。丑中藏辛。透而生壬。遂不以土重爲慮。惟一派陰寒水濕。必得木火抒配。庶木既生火。而又疏土。火與水濟。且煖土金。如單見一丙或丁。皆以合而牽掣。還須支有寅巳或午火耳。

（壬寅時）壬水生於季冬。威極而衰。但因壬日壬時。同類有助。並不身弱。時落於寅。寅雖壬水之病地。却又爲火之長生。而土附焉。嚴寒之際。水土凝結成冰。固宜寅木生火疏土洩水爲用。若能甲丙出干。更妙。

（癸卯時）丑月衰地之壬。土旺用事。時逢癸卯。喜癸水之幫身。卯木之制土。但嚴寒之季冬。苟無溫煖之火。則一切的一切。無不生氣索然。故喜干見丙丁。按丙年必辛月。丁年則癸月。猶非十全。不若甲年丁月。支有寅午或戌。爲

最上乘。

(甲辰時) 壬日丑月。土旺而壬水不強。時逢甲辰。辰黨於子申則水旺。黨於四庫則土強。今在丑月。土旺用事。則官殺自較強威。旣甲透疏土。最妙日坐於寅食神得祿。次則配之以火。以綴土木之衝亦貴。

(乙巳時) 丑月土旺。然寒土不生壬水生此並不感覺魁氣之深。時臨乙巳。乙木生起坐下之巳火。巳火生起當旺之官星。壬水轉弱。究因巳丑會局。寓印綬於財官之間。遂全中和之妙用。所以其他干支。不論五行。皆非絕對者犯。但敎不偏不倚。終是妙命。

(丙午時) 季冬丑月之壬水土皆有凍結之象。凡物之溫度。達到冰點。即無生氣。而呈死象。所以丙午之火。需要極矣。良以丙爲太陽。下坐午之旺鄉。光天化日。四無纖雲。六合五行。生氣勃如矣。此條見水固忌。見土晦火亦怕。是妙金木調和。定必富有金谷。

(丁未時) 壬水而逢丑月未時。官多化殺。土旺爲嫌。丁雖合壬。而有資土之弊。宜乎透乙值卯。以魁敦阜之氣。並作丁火正財之根。次則配合一點之金。俾衰地之壬水氣勢一揚。因而脉絡貫通。無所障礙矣。

(戊申時) 丑月土旺用事。然金水尚有餘氣。故壬水生此。衰而不絕。時逢戊申。申爲壬水之長生。承戊土之資。成殺印相生之格。惜乎時令關係。寒土之生殖力不強。故當以火輔之。以木馭之。金與水土。至多衹可點綴一二。多則**不取。**

(己酉時) 丑月中藏己土。透出時干。爲壬水之正氣官星。時支値酉。酉丑會局。以成正官正印相生。非有丁或午。卽使清正可風。亦然弗發。必須有火。庶乎高貴可躋。大怕乙木尅己土。卯木冲酉金。則爲僞君子矣。

(庚戌時) 月値丑土。時逢戊土。土旺用事。壬水受制。好在時干透庚。承厚土而生衰水。但金寒水冷。墮指裂膚。令人望而生畏。故要木火配合。使凝寒懸縮之氣。消化於無形。則善矣。

(辛亥時) 嚴寒之壬水。雖生於丑月衰地。却又得祿於時支之亥。且丑中之辛。露干生之。壬水甚旺。僅以寒冷而少活力。如有丙丁則爲辛壬合而牽絆。見巳則有亥冲。唯其支有午寅。然後丙丁出干。雖合無憂矣。

癸日寅月

（壬子時）癸爲陰水。生於寅月。木旺火相。傷官泄氣。時爲壬子。劫比相助。日祿通根。可以轉弱爲強。最宜甲透。則丙丁方可有根。或見戊土亦可。至於印綬之金。縱不需要。

（癸丑時）初春寅提之癸。原不生旺。時臨癸丑。癸可幫身。丑雖兌氣。此時之土。其無力與癸水相等。必須己土出干。方可用殺。以金之生水。火之生殺者配之。當可大權獨攬。若己土不透。總要金火並見也。

（甲寅時）癸日生於寅提。時逢甲寅。傷官得祿。癸水氣泄。若柱無土金。再無比劫。僅有木火。則爲從兒格。貴不可言。否則喜金水幫身。

（乙卯時）癸日寅月乙卯時。元傷官食神雜見。癸水無根。徒具長生之名。必須金水生扶爲妙。忌見戊己之土。再見木火。不逢金水。亦以從兒格論。

（丙辰時）初春之癸。雖不生旺。而寒氣未融。所以得時上丙火煖之。原亦相濟相成。但時臨辰土。究泄火而制水。必得餘柱有金。則癸水方具生氣。而能任受生旺之財矣。

（丁巳時）寅月木旺。癸水日干。再逢丁巳時。元丁火乘旺於巳。巳火長生於寅。財旺身衰已甚。喜巳中庚透。或年支值申次。則劫財扶助。土最忌。即木火亦不可重見矣。

（戊午時）戊與癸合。月寅時午。寅爲火之長生。午乃火之旺地。如得戊土成全火局。別無金水與土。則是戊癸化火之格。否則須有陽水之劫財。輔以生氣之印綬。方不致財官太過。身弱易傾。

（己未時）寅月癸日。正當木旺時。逢己未。干支皆殺。然此時之土。受木之制。不爲殺重。惟癸水之弱而無根。必金以資之化其土。抑其木。殺印相生。乃成佳格。火爲大忌。以其傷金益土耳。

（庚申時）孟春泄氣之癸水。得庚申時。印綬得祿相生。弱而不弱。其餘干支。宜以少量之木火抒配之。而木火則以乙與巳為最適當。因乙有庚合。不致過泄。巳為庚金長生。不致以財損印也。

（辛酉時）辛酉之金生寅月泄氣之癸。足可調和。惟因餘寒未盡。雨露之癸。在此際猶為霜雪。故以寅中丙透為最宜。良以丙乃太陽。合辛金而不化水。亦不致將柔弱之金水。偪之過甚。

（壬戌時）癸之陰水。易為木泄。月令在寅。傷官泄之之時。臨於戌。寅戌會火。癸水又受火炙。則時干之壬。正喜幫身為助。但壬癸二水力尚未逮。如戌中辛金得透。或支下有酉。則異美善矣。

（癸亥時）孟春寅提木」司權。癸水日元。理喜金生水助。時逢癸亥。比劫相扶。返弱為強。尤妙亥為木之長生。與癸之旺地。寅與亥合木則鍾靈毓秀。最妙餘柱再逢水木。大忌有金奪秀。有土剋水。

癸日卯月

（壬子時）書謂五陰生處不為生。即癸水生於卯月。卯為癸之長生。實際卯乃純粹之木。有泄無生也。時逢壬水劫財。子水日祿。得祿劫氣求之助。癸水弱而轉強。不愁泄氣。若甲乙透干。無金破木。無土剋水。傷食當旺。日主亦強。便是一清到底。大貴之命。

（癸丑時）癸生卯月。假生真泄。原專金水生扶。時逢癸丑。喜癸忌丑。但丑位北方。中藏金水。陰土本質。被當令之木所制。土既無力。不必用殺。若天干透木。則宜地支有金。干露庚辛。則地支不慮火土。按此條任何抒配。皆不是好格局也。

（甲寅時）癸生仲春時遇甲寅。甲木以卯為旺地。以寅為祿地。滿盤純木。無根之癸水。被其吸收殆盡。如以金為剋冲。則犯衰者冲旺旺者發。絕無用處。不如滿盤皆木。棄命從兒。最為清貴。既已從兒。則土金為大忌。木火為大宜。

（乙卯時）日元癸水生於卯月卯時。卯中之乙木高透食神得祿。一片秀氣格成從兒。如有剋木之金。還須配之以火。爍其金。而木得保全。倘見戊己。則當以官殺為論據矣。

（丙辰時）仲春癸水原患身弱。時遇丙辰火土。何堪再見財官。是須年月有金。以生無根之水。然天干有丙火之財。為庚辛之敵。尤須地支再有申金。方稱盡善。否則降格以求。比刼為不可少。若無金無水。致命可棄而不可從。以木火土太雜。大有一國三公。吾誰適從之概。為卑下之命無疑矣。

（丁巳時）卯月木旺火相。癸日再逢丁巳時。巳火在卦為巽。巽為風。致使木生火。火乘風。成燎原之勢。癸不過杯水。而木火不止車薪。非得大量金水。以伐木灌火不可。壬庚出干。申亥在支。雖難大造。亦可小就矣。

（戊午時）戊癸五合生木。旺火相之卯月。時臨戊午。午乃癸之絕地。倘柱中再見火土。癸水熬乾。必成殘廢。或犯痼疾。若有金相生。有水相助。而金水並不通根者。亦於事無補也。

（己未時）癸日時逢己未。似乎殺重。但在卯月。卯未會局。則旺木過於弱土。有制殺太過。身弱愈甚之二弊矣。故必庚辛出干。支有申酉。庶木有所抑。而水有所承。不致身殺兩衰。免為無用之命。

（庚申時）泄氣之癸水。原喜金來相生。時臨庚申。正印得祿。足可調和。木之秀氣。受金威脅。最好再得木火搭配。則木助秀氣。火範堅金。相制而復相成。火若太重。又宜以水過之。或土以晦之。

（辛酉時）癸水而逢卯月酉時。卯酉六冲。文昌冲破。人雖聰明。學識毫無。惟辛金得祿。以生弱癸。却為所喜。不可見火。尤怕丁火損辛。最好支逢巳火。財不壞印。或則土木並透。衣祿無虧。

（壬戌時）卯月戌時。雖合不化。木土並不變質。癸水既被木泄。又為土制。質與量皆削弱矣。所以刼財壬水幫身。允取為用。唯最好戌中辛金亦透。壬癸之源不竭。再支有子辰。則更妙矣。

（癸亥時）癸日癸時。其勢不孤。時支亥水。雖係癸之旺鄉。究亦木之長生。時方旺木。卯月會亥成局。雨露泉脈。潤澤根苗。繁植敷榮。為世利賴。勿雜印綬官殺者必貴。否則外金玉。內敗絮之庸人。

癸日辰月

(壬子時) 辰月土旺。然爲水庫而位居東方。水木尙有餘氣。癸日壬子時。刼比幫身有力。以柱有火土或木爲佳。金水不可多見。倘見申金。成水局則丙戊尤不可少。戊年必爲丙月更好。

(癸丑時) 癸水生於辰月。辰爲水庫。時臨於丑。丑位北方。皆是濕土。丞有癸水內藏。茲又癸透時干。雖土旺而癸水亦非無力。是宜兩見火金。否則水土既非所宜。而木亦未必絕對爲利。

(甲寅時) 癸生辰提。官星當旺。時爲甲寅。傷官得祿。幸寅爲官星戊土之長生。縱透戊土。亦所不忌。良以旺土宜疏。最好干頭有火。所謂唯有水木傷官格。財官兩旺最爲歡也。庚申陽金。不宜見矣。

(乙卯時) 辰月之癸水。木有餘氣。辰中乙木透於時干。通根於卯。雖居土旺。猶覺木多盜氣。最宜壬亥陽水幫扶。合於食神大喜刼財鄉矣。如有印。則秀氣剝奪。能不足取。火宜少見。土更無需。

(丙辰時) 癸生辰月辰時。再透丙火。未免財官旺於日主。最好有印。則金生弱水。而化旺土矣。若辰中乙木出干。或支臨於卯。亦可收疏土之功。而有生財之道。

(丁巳時) 癸日辰月。土旺居多。時臨丁巳。干支純火。以生當旺之官。且巳爲官星之祿。以致財官旺。日主弱。須得巳中庚印出干。生無源之水。並有比肩或刼財。剋火護金。乃正大之命。

(戊午時) 辰月癸水。殊欠生旺。辰中之戊土透干。下坐午火旺地。而戊癸雖合不化。遂覺財官過旺。須有甲木傷官。以疏之。然甲有生火之嫌。還當輔之以水。否則無木有金。亦不爲寠。

(己未時) 土旺用事之辰月。再遇己未純土之時。尤使癸水四面受敵。未爲木庫。而辰則尙有木之餘氣。但教支坐卯亥。或則乙透。是爲食神制殺之佳造。不必泥於用殺須印之說。良以一有金則木力必減。若無木而單見金。用印化殺亦妙。

（庚申時）庚金得祿於申。以生癸水日元。甚爲有氣。雖在辰月土旺用事。但申辰會局。旺土有同化之勢。故宜干有丙丁。以阻庚申生機。印太重。亦難發也。有木更佳。

（辛酉時）癸日而生辰月酉時。辰與酉合。因在季春。並不化金。但因辛酉梟印得祿。辰土生之。終覺官弱印強。須有財破印。但丙與辛合。故不如丁。巳會酉。故不如午。

（壬戌時）癸日戌時。時逢財庫。壬水相扶。癸不爲弱。月提辰土。與戌相冲。財庫大開。定爲富命。最好透丙坐巳。則正財不虛劫奪。若金木兩透。如乙命必爲庚月。支有巳未。驟發尤操左券。

（癸亥時）日時皆爲癸水。而又乘旺於時支之亥。即在旺土之辰月。究亦吾道不孤。是宜有火生土。庶身旺而喜財官。否則年寅日卯。東方一氣。甲乙透一。亦必高貴。然不論爲火爲木。皆不喜金。

癸日巳月

（壬子時）巳月火旺土相，癸水生此。其弱可知。茲因時逢壬子。既爲歸祿通根。更透劫財爲助。驟驟乎返弱爲強。所以不必再畏火土。惟須有金。則水有源頭。十有九發。無金而有比劫者次之。有金或水。則木自無足慮矣。

（癸丑時）癸水生於巳月。火土生旺。癸水無根。時支丑土。似乎不喜。然丑爲金庫濕土。會巳成局生水。化難成恩。以發癸水之源。加以時干癸透相扶。至多日元失令。而談不到身弱兩字。但教其餘干支。再見一點金水生扶。則木與火土均不足忌矣。

（甲寅時）癸日巳月火正旺而水正衰。時逢甲寅。甲木得祿於寅。傷官盜氣生財。且寅爲丙戊長生。身弱已極。喜巳中庚金透干。得庚制甲。再有水抑火。方爲有病有藥之佳造。

（乙卯時）癸水日干。時逢乙卯。食神盜氣。長生徒具虛名。月令建巳火旺。再有乙卯生之。財愈盛。身愈弱。最宜庚辛出干。以濬其源。否則比劫重重。亦堪助勢。不可再有官殺。

(丙辰時)巳月癸水、時爲丙辰、丙火正財。得祿於巳、使水庫之辰土化濕爲燥。致癸水無力以任財官矣。是必金水並見爲上。庶火有水制。不傷生身之金。木雖可以剋土。而亦泄水。利害相等。終不宜多。

(丁巳時)癸水而月時皆巳。財已旺。豈可再有丁火透露時干。致癸被衆火所熘、轉瞬即乾、第一須有制火之水。其次輔以生水之金。倘再支有亥申。必是豪富之命、金水少量。於事無濟、土木兩者定必爲災。

(戊午時)巳爲戊土之祿。午乃戊土之旺。巳月午時、癸日透戊、財官之旺。無以加矣。癸水之涸、可立而待。如柱無金水。僅多木火。則取戊癸化火格。否則大量金水以救之。然不論化火或得金水補救。再見官殺、必殘廢顛連之命。

(己未時)巳月未時。中拱午火。南方之勢津橫、己土透而有根。癸水日元、必受熬煎。其量易竭。除非巳中庚金印透、俾弱水能生。旺土有泄。但衡輕重。猶是火土生旺、尚宜水以剋火。最妙年坐於申。則庚金得祿。水值長生。而成殺印相生之大格。

(庚申時)癸日而時遇庚申。正印通根、雖在巳月火旺之候。癸水究有生機。故柱有生火之木。亦可無慮。即戊己二土見一。亦無所妨。如干頭有火。則丁不如丙。因丙爲太陽、丁爲爐冶。庚金畏丁不畏丙耳、

(辛酉時)癸水而值辛酉時、辛祿居酉、偏印通根相生、月提在巳。巳酉又復會局。癸水得多金之資。猶病夫得大量滋補。頓復健康矣、土固不畏、以其生金。木有金制、生火不烈、大怕丁火煅辛金。午亦同例。丙與辛合、剋中有情也。

(壬戌時)盖夏火正當令。癸水無力、時逢壬戌、雖有壬刼之助、而戌乃火庫、本質則爲陽土。不獨癸水被剋、即壬水亦受影響、故宜庚干申支相卿合、苟能如是。縱然再遇火土、亦足調和矣。

(癸亥時)癸日生於巳、失令無源。時遇癸亥同氣連枝、所謂守望相助、疾病相扶持。巳被亥冲。火爲水剋。炎威以歛。頓失平衡、故宜巳中丙戊出干。乃全中和爲貴之道、否則有木生火亦良。

癸日午月

（壬子時）午月癸日乃是絕地。時逢壬子比刼幫身。癸水以振。子午六冲。火力亦減。但以無根之癸。究難運用其財。故必逢金爲妙。火土是忌。木亦弗喜。

（癸丑時）癸水生於午月。財旺而身逢絕地。時上癸丑。丑在旺火之月。土自不弱。時上之癸。同病祇有相憐。而不足以爲助。財殺旺而日主弱。非有庚辛申酉不爲功矣。

（甲寅時）午月寅時。火生於寅。旺於午。寅午會局。再有甲木生之。絕處之癸水。毫無生氣。非得陽金以制木。再有比刼以制火。定是無用之造。否則其餘干支。絕無一點金水攙雜。滿盤皆火則從財棄命。却亦高等之格。但一見土。便無一是處矣。

（乙卯時）癸水生午。時逢乙卯。木生旺火。癸無存在之可能。寧可餘者都係木火。則與上條甲寅時同爲棄命從財之高格。既已棄命。切忌金水參加。一有金水則從格破。而須分金水與木火爲兩個壁壘。實量相等。亦短中之長耳。

（丙辰時）午月癸水。時遇丙辰。丙火辰土。皆以午爲旺地。雖辰中有癸水暗藏。而幫身究難爲力。必須金以生之。然旺火足以銷金。還要輔之以比刼。最妙庚年壬月。倘得日坐於巳。則庚得長生。丙得干祿。誠萬中難得其一者矣。

（丁巳時）癸水而逢丁巳時。丁火財臨旺地。又生午月。爲丁火祿地。因巳爲金之長生。火縱旺盛。不能棄命從財。必須比刼之水。與之頡頏。乃是身財兩旺之命。若年支爲申。更其美滿。

（戊午時）、癸水生於午月午時。兩逢絕氣。癸水已難生存。時又透戊。火土熬乾癸水矣。不如因勢利導。配以火局。或丙丁出干。毫無一點金水生扶。則是從火上格。否則金水衆多。以逆其生旺之氣。雖亦可發。但必十分辛勢矣。

（己未時）月令午火。爲丁火己土之祿。癸日而遇己未時。則七殺得祿。癸水絕對休囚。是須重重金水。方成殺印相生。如金水不多。則有不如無。反不若完全火土相配。而成從殺之格。既從殺矣。則制殺之木爲大戒也。

（庚申時）午月絕地之癸。得遇庚申時元。正印得祿。而生身。絕處逢生之造。不忌官殺之土。因有金以緩衝。木則祇怕一寅以寅午會局火則祇畏一丁以庚被丁鎔但有木火總須比劫爲宜。

(辛酉時) 辛金得祿於酉生起午月絕處之癸但陰金總畏丁午故應有水調劑庶得抑火存金而水之由絕而生。從可知已土雖不忌而多則埋金火則宜與水並存木亦宜少。

(壬戌時) 午月戌時午戌會局癸水休囚何能任受財官則壬水之幫扶固必要矣但較量輕重仍覺火旺於水故喜戌中辛透干頭以爲水源無論辛透與否木火總是大忌。

(癸亥時) 癸日亥時是名乘旺時干見癸相助有情雖生午月絕地却無身弱之嫌故木之生火與土之尅水皆無所畏即丙丁透干亦有何礙惟水雖多而無根仍以見金爲善。

癸日未月

(壬子時) 癸水生於未月絕對休囚火土在生旺之際癸水必得生扶爲妙時逢壬子劫比相助可與火土抗衡水尙無根仍要有金配合方得源遠流長則逢火土或木用財用官莫不自如矣。

(癸丑時) 癸水生於未月休囚無氣時逢癸丑丑未冲而庫開並得癸水之助則七殺已可作用倘丑內所藏之辛得透干頭尤爲佳妙柱中不可再見官殺及財木則不妨。

(甲寅時) 癸生於未水弱宜生土旺宜疏時逢甲寅雖可疏其旺土但更泄弱癸水所以印綬之金尤爲必要按是時尙有火之餘烈故陰金不及陽金爲有效惟旣以金爲喜神則尅金之火當然忌矣木已足用水不嫌多干頭土透得金則緩衡。

(乙卯時) 未爲木庫中藏乙木癸日而遇乙卯時食神透而通根卯未又會木局使土化爲木泄多於尅務要印綬之金泄土制木而資水源惟燥旺之土雖化不盡有己出干以成食神制殺殺印相生至於財星破印終怕見也

(丙辰時) 未月癸水火未盡衰土勢方盛豈可再遇火土時逢丙辰財官愈使癸水孱弱然辰未之中皆藏乙木故

卽滿盤皆土亦不能棄命從殺。以殺雖旺而有所制也。身弱喜生扶。乃千古不祧之論。則金水而外。皆所畏矣。

（丁巳時）季夏土旺用事。癸水受剋甚重。益以丁巳時元。丁火乘於旺地。致旺土之殺勢更鴟張。若制之以木則有厝火積薪之患。是必金水並用。則火畏水剋不犯其金。金得土生資水有力矣。

（戊午時）癸日戊時。戊與癸合。時支値午火之旺鄉。月令在未。位居南方。倘其餘干支一派木火。則作戊癸化火論。惟大忌己土殺露。以及印綬比刼生扶。犯之皆爲破格。果爾破格。則須大量金水以補救之。而木亦不忌矣。

（己未時）月時皆未。未中己土出干。癸被衆土所剋。不殊涸轍之水。因未土本身藏乙。致難棄命從殺。然以傷食之木而制殺。不如以印綬之金生水。金泄旺土。尙多一重效用。所謂制殺不如化殺高也。比刼之水。亦在所喜見。

（庚申時）癸水生於季夏。土旺司權。幸得庚申時元。正印得祿相生。則山川生雲。甘霖自霈。按殺輕而印重。亦失平衡。所以不忌火土。惟不可逾分而已。木無喜忌。任之可也。

（辛酉時）癸爲陰水。生於未提。土旺金相。時遇辛酉。梟印生身。旺土被泄。殺不嫌重。故與上條庚申時同一看法。不過辛酉陰金。生氣轉弱。所以大怕丁干午支。而丙與巳火。則無傷也。蓋丙火剋中相合有情。巳火會酉成局耳。

（壬戌時）癸日而生未月戌時。官殺雜見。且皆係燥土。煎熬雖不顯明。而暗中大受威脅。時干壬水。雖幫身。但爲坐下之戊土反剋。脚跟並不堅牢。除非戌中辛透。或支有申金。則卽火土相錯。亦無患矣。

（癸亥時）季夏未提。癸水休囚。時遇癸亥。癸水乘旺。比刼相助有情。然未土又爲木庫。亥水爲木之長生。亥未會局。以泄庫中之水。雖土不爲害。而木則猖獗矣。除非滿盤皆木。甲乙再出干。爲從兒格。否則必須大量之金。爲去病生水之藥。

癸日申月

（子時）孟秋建申之月。金旺水相。癸水已屬有源。時爲壬子。壬水長生於申。幫身尤爲有力。時支子水。乃是日祿。

子申又復會局。身強之象。理要財官。但財星之火。爲水所遏。所以有火有土。尚須有木方佳。

(癸丑時)癸水生於申月。時逢癸丑。丑乃金庫。位居北方陰濕之土。殺無足取。必須丑中己土出干。方可用殺。但因身強殺淺。又須有木有火乃妙。否則有木無火則制殺太過。有火無木則財遭刼奪矣。

(甲寅時)申月金旺之時。癸水得其資生。不爲身弱。時逢甲寅傷官得祿。但寅申冲而傷官之根株動搖。所以癸水雖不爲弱。還宜水火並見。蓋有水則官之木無損。而財星之火。亦非如燐火之無根矣。

(乙卯時)癸水日干。申金月令。水得金生。源流不爲淺近。則雖乙卯時元。亦不致十分盜氣。惟秋木不繁。仍宜水以滋之。更應有火。以爲養命之源。而成食神生財之富命。獨忌辛酉陰金。來奪乙卯秀氣。

(丙辰時)癸生申提。時値丙辰。財官印成三寶。祗因申辰之會。幾乎官化爲刼。是必再見木火。以生扶丙火之財。或透戊土。以遏水而護火。但此格。太覺純正。雖聰敏而無應變之才。

(丁巳時)癸水生申。印旺有氣。時逢丁巳財星。原可身強用財。巳與申合。雖不化水。而財與印兩受牽絆。最妙庚甲並透。庚長生於巳。祿於申。印旺當令。而丁巳之火。則有甲木生之。此名財得根深。印得華。一生福祿自無涯矣。

(戊午時)月令在申。申中藏戊土。透於時干。與癸五合。戊坐於午。官臨旺宮。雖合不化。格取正官正印。有純正之風。惟午火之財無氣。須有陰木生之。倘見陽木之甲。則犯傷官見官之忌。寅則戊之長生。縱不畏而究與申冲也。

(己未時)癸水日元。時逢己未。幸在申月。旺金泄土。以成殺印相生之格。惟若有木制殺。亦以印透。或有火爲上。蓋己土此時並不生旺。不須再爲尅制。木爲忌神。最宜金火兩見。則成身殺兩停。事權必盛。

(庚申時)癸日而月時皆申。申中庚金。透露時干。以三金而生一癸。大有金多水濁之弊。以火爲藥。宜乎有丁及午。以制旺金。惟無根之火。又須輔之以木。而土則有生金之嫌。避免爲良。水亦不喜。蓋因其尅火也。

(辛酉時)癸爲雨露。生於初秋申提。原非無氣。益以時爲辛酉。重重印綬。遂犯生氣太過之弊。然太過在金。而不在水。所以土之制水生金。絕不需要。必得有火。方是對症之藥。而火則丙不及丁。以丙辛五合故耳。木亦所宜。水則不必。

（壬戌時）癸日而値壬戌時。月建在申。申爲壬之長生。戌雖屬土。位居西方。申戌拱酉。金水之勢強盛。所以火土財官。爲命中之寶矣。不過刼財高透。財恐被刼。故宜抒配以木。財庶有根。

（癸亥時）申月金旺之癸水。母氣殊健。時臨癸亥。幫身有力。生旺太過。其偏與不及相等。強者抑之。則火之財。土之官。尤爲必要矣。最好丁年必爲戊月。或己土出干。或午火在支。尙覺財官氣弱也。

癸日酉月

（壬子時）癸乃輕清之水。酉爲柔軟之金，癸生酉月。金白水清。時逢壬子。壬爲河海之水。幫身太過。況又子祿通根。猶赤壁賦所謂白露橫江。水光接天。酉金母氣。爲水所侵。成爲母被子滅。非得火土重重。不能爲有用之命。木則無益。凋零無氣故也。

（癸丑時）癸水生於酉月。金旺水相。時値癸丑。比肩幫身。丑雖屬土。但與酉金會局。土化爲金。殺變成印。重重金水。身旺無依。必須丑中己土出干。再有火以生之。方以殺用。有土無火。則官殺無根。木亦不喜。蓋有洩削弱殺之慮。

（甲寅時）酉月金旺水相。癸水日元有氣。時逢甲寅。傷官通根。秋木不榮。所以欲取傷官。必須並逢水火。則水以生木。火以制金。且因火之溫煖。而花木向陽。不可再見陽金。土亦不需要也。

（乙卯時）癸生酉建。梟印生身。乙卯時元。食神得祿。然因卯酉之冲。不啻月缺花殘。最宜火以制金護木。有火則須有土。庶月支一點陰金。不爲火爍。而賴土生。并使乙卯衰弱之木。有所附麗也。

（丙辰時）癸日酉月。時遇丙辰。辰雖屬土。然與酉合。土從金勢。所以時干丙火財星。尤爲命之所喜。良以仲秋。玉露飄零。金水漸覺陰寒。得丙火之煖。則金水相涵。彌覺溫潤矣。柱有一二點木。以助丙火。尤妙。

（丁巳時）癸水日元。時逢丁巳。丁火財星乘旺。然生酉月。巳酉會成金局。財從印化。而丁火無根。最宜有木。然木不必過多。如見官殺之土。則生旺金。泄弱火。反不優秀。并忌陽水。蓋壬則合丁。亥則冲巳。用神受傷矣。

（戊午時） 戊時癸日。因在酉月。酉爲火之死地。不能化火。卽使時臨於午。亦不能逆其金。不免微疵。故應以木配之。俾戊土受制。不生當旺之金。死火逢生。堪爲養命之源。

（己未時） 癸爲雨露。生白露秋分之後。生氣日進。時爲己未。干支純殺。然不嫌殺重。蓋有旺金介乎其間。自得轉圜無阻。但必有木制殺。必須有火生土。如無木而有金水。亦須有火生土。俾與金水旂鼓相當。

（庚申時） 酉月金旺之時。再得庚申時元。庚祿居申。旺於酉。正印太重。致犯慈母滅子之嫌。必也干頭透丙。支有寅戌。始能財足權高。蓋權卽印也。大忌再見官殺。而傷食之木。當爲所喜。惟無火之木。易被衆金所摧。亦無用處。

（辛酉時） 癸水生仲秋。月建在酉。又逢辛酉時元。梟神太重。其太過之病。與上條庚申時相等。金多水濁。以金爲病。以火爲藥。所以干支有財。爲第一義。庶藥來病去。如見木而無火尅金。無濟於事。若滿盤金水或土。則非僧卽道。最多不過駔儈之流。

（壬戌時） 酉月癸水。水本有根。況有壬助。是宜戊土火庫爲用。但戌居西北之方。不離乎金水。猶覺無力。須得有土出干。兼使戌中丁火亦透。則壬爲土制。不奪丁火財星矣。木中祇喜一寅。土中最喜一戊。財星之火。皆大歡喜。

（癸亥時） 癸雖陰水。時干得比相扶。時支臨亥值旺。況生酉月。旺相極矣。身強之命。大喜尅泄。不濁尅我之官殺。有生金之弊。不如我尅之財星。具制金遏水之效。至於泄氣之食神傷官。少則無益。多亦可用。

癸日戌月

（壬子時） 癸水生於寒露霜降之後。氣雖日寒。却是土旺之日爲多。壬子爲時。有嚶求之助。任其旺土。癸水殊無驕象。宜有木火厠其間。一則旺土既有所疏。而仍有生機。次則財以養命。若慮比刼之奪。亦須木來啓承。

癸丑時） 癸生戌月。土旺司權。再臨丑時。土勢增厚。然有比肩之癸相扶。且丑爲寒濕之土。尚不致咄咄逼人。官殺正旺。必得木以制之。若食傷泄癸。更喜印綬以生之。所以金木交差。方可稱有守有爲之命。但富則未許耳。

(甲寅時) 戌月旺土用事。癸水生此甚弱。時逢甲寅。傷官得祿。旺土固喜木疏。弱水則憂木泄。挽救之道。惟有陽金之庚申。始足以存水而尅木。辛酉陰金。力難勝任。或則以金易水亦妙。但少疊還是缺憾。

(乙卯時) 季秋之癸。失令弗強。再得時元乙卯以泄之。猶病婦再遭坐蓐矣。卯戌合而不化。則木土之本質不變。所以當旺之土。稍受壓制。故必金火並見。金生孱弱之癸。火資受迫之土。始歸中和矣。

(丙辰時) 癸爲陰水。生戌月辰時。土旺且衆。再因丙透時干。太陽之火。生起旺土。致區區癸水。有如朝露。轉瞬即涸。幸其辰戌之冲。土雖旺而地氣轉動。若辰中乙癸。戌中辛金出干。或支有卯酉子。以補未透之天干。補綴無痕。天衣無縫。低下之造。頓成優秀。

(丁巳時) 癸水生於秋杪。戌月旺土司權。癸水無氣。時遇丁巳。干支皆火。以生當令之土。致有癸水熬乾之患。幸巳中有庚。戌內藏辛。似可相生。但若身藏不露。則亦愛莫能助。即庚辛透而生身。還須比刼制火。以免印被財傷。木雖疏土。而亦資火。故弗喜也。

(戊午時) 戌月癸水。水弱非常。戌中戊土。再透時干。且又臨於旺地之午。午戌又會火局。戌中一點辛金。已爲遺藏之兩丁所爍。生氣索然。故須質量並豐之水木。去火土之爲病。或則金水並見。否則非貧即夭。

(己未時) 易云天數五。地數五。明指土雖有陰有陽。其實一體。所以癸水生於戌建。時值己未。官殺化爲一冢。尅水之力更巨。但在秋令。癸水不能棄命從殺。殺勢正旺。不宜以木逆折之。以免老羞成怒。倒行逆施。衹宜大量之金。以疏導之。則癸水不生自生矣。

(庚申時) 月提在戌。土旺金相。時遇庚申。陽金得祿。故失令之癸水。生機多於尅氣。駸駸乎可以轉弱爲強。土火財官。不懾重見。若有火而無土。則印綬恐傷。有土而無火。則生金太過。皆非中和之道也。

(辛酉時) 戌土月令。中藏辛金。時逢辛酉。梟印通根。使癸水不虞受尅。惟辛酉究是陰金。雖生癸水。不致太甚。故不可柱有丁午以破壞之。丙雖不忌。猶恐巳火之會酉成局也。如再略參水木。則更佳矣。

（壬戌時）癸日逢壬。幫身有力。但因生於戌月戌時。旺土疊逢。致壬水亦被抑制矣。最妙戌中辛金。露而不藏。或則地支申酉相生。果能如是。則雖重遇火土財官。亦無傷乎大體。

（癸亥時）癸日癸時。氣求聲應。已不孤單。再值亥時。乃二癸之旺鄉。雖戌月旺土司權。以亥中藏甲。官星被傷。有官之命。無官之實也。欲保其官。必須財星之火。欲使財不受刼。則土木並見最宜。

癸日亥月

（壬子時）癸水乘旺於亥。亥月癸水。天然生旺。豈宜再遇壬子時元。以致汪洋一瀉。然因亥中藏甲。但欲透甲見寅。便是秀鍾東方。大怕見金。陽金更忌。火土財官。是亦身旺之所宜也。

（癸丑時）癸水生於亥月。不旺自旺。又有時上癸水相扶。未免太過。時臨丑土。其力不夠以制水。最好丑中己土出干。更有火以生之。便可用殺。木與金皆忌。因犯制殺生身太過之弊。若支有子水。則亥子丑北方一氣。作潤下格論。反宜金水。而忌火土矣。

（甲寅時）亥月癸水。亥中藏甲。時落甲寅。傷官得祿。又值長生。寅與亥合。未免子旺母衰。旺水泄而反弱。然忌金之生水伐木。祇喜並見水火。水則幫身而木不傷。火爲財星。即身旺傷官宜財之說也。

（乙卯時）亥爲木之長生。卯爲木之旺地。癸水日主。得亥月卯時。亥卯會局。又兼乙透通根。致癸水被泄。宜陽金生水抑木。若逢辛酉陰金。必損乙卯之秀氣。宜而不宜也。火少不妨。土最忌見。

（丙辰時）癸生亥月。旺氣之度。丙辰時元。一財一官。可喜。但若餘柱無金。則水雖旺而無根。干支無木。則火以少而易晦。所以金木並見。方爲正當之命。此條太嫌純正。其人必有理智。而無手腕。未許偉大建樹耳。

（丁巳時）孟冬建亥。癸水生此。本是水歸冬旺。樂事有餘。時爲丁巳。干支皆財。原可水火既濟。奈因巳亥交冲。財星被刼。不可再有金水生扶。祗合木火助財。先敗後興之命。如四柱有土。則財被泄而水被遏。兩敗俱傷矣。

(戊午時) 癸水旺氣之亥。本不畏乎財官。戊土正官。雖合不化。戊坐於午。官星亦臨旺宮矣。水土兩旺。所以不宜再見水土。但若有木。恐傷官星。有金恐生旺水。比較宜金火相配。則成身官兩強。各行其是。兩不相悖矣。

(己未時) 孟冬癸水。月提乘旺。己未時元。殺亦不弱。但因未爲木庫。亥乃木之長生。亥未會局。遂有制殺太過之嫌。泄氣甚深之慮。故必柱中有金。以生被泄之水。而抑制殺之木。更要有火。以防金寒水冷。

(庚申時) 癸日而逢庚申時。正印通根而生身。月提在亥。又值旺宮。滿盤金水。雖旺而蕭索不堪。見木無益。蓋爲金制。土亦無用。慮其生金。必得丙丁之財透天。則全局皆呈活氣矣。

(辛酉時) 初冬水旺。癸正得令。時值辛酉。梟印得祿。兩金兩水。寒冷爲慮。生旺是虞。其餘干支。宜有傷食之木。以及財星之火。方不致水冷金寒。金水凍結。至於生金尅水之土。徒生牽絆。實際毫無用處。蓋寒水既不能散冷金。反得所承也。

(壬戌時) 癸生亥提。亥中壬透時干。刼財得祿。冬水汪洋。喜其時臨戌土。築之隄防。然因衆寡之勢懸殊。還恐隄防潰決。所以還要火土助之。切忌金之生水泄土。與木之尅制其土耳。

(癸亥時) 日時兩干皆癸。月時兩支皆亥。比刼重重。豈非生旺太過乎。然以土而逆折方盛之氣。不如有木。以泄當旺之水。而乙卯陰木。恐隨波逐流。必須甲寅陽木爲妙。茍再見火。便名利兩全矣。

癸日子月

(壬子時) 子月癸水。格名建祿。生旺非凡。再值壬子時元。豈特祿多不貴。而又一派比刼。爲霜雪。爲冰流。非有戊土之障。與丙火之煦。必飄蕩孤寒。丙戊兩透。可以富貴。有火無土。一生假富。有土無火。一世虛名。

(癸丑時) 日時兩癸。又生子月。癸水當令。不慮殺尅。時支丑土七殺。雖與子合。並不化土。且中藏辛癸。陰柔之殺。爲寒水所包。除非支有亥水。北方一氣。成玄武當權。否則亦須賓主並富之火土財官。以制水而袪寒。

(甲寅時) 癸水生子月。正在得令之時。時逢甲寅傷官得祿。以洩旺水。體用兩強。蓋以水爲體。以木爲用。最忌有金。致未被摧殘。又生水太過。最喜有火相配。以成傷官生財。而水木體用皆得溫和矣。官星之土忌見。

(乙卯時) 仲冬癸水正値司權。既喜財官互尅。亦宜傷食潛疏。今則時逢乙卯食神。吸收其水。祇以寒威所束。恐難蓓蕾數蘂。所以宜見太陽之丙火。以融和水木。使乙卯之木如寒梅著化。精神越顯。金爲大忌。土宜戌未。

(丙辰時) 癸生冬至前後。身旺可知。丙辰時元。恰是財官火土。固然融洽無間。但辰爲水庫。癸水暗藏。還須天干有土。而以甲乙寅卯之一抒配之。則土不壅塞。而火有所承矣。至於金水生扶。須視火土之輕重而平衡之。無決定性之喜與忌焉。

(丁巳時) 書言建祿生提月。財官喜透天。以子月建祿之癸。得丁巳時。丁火透而乘旺。天干雖無官星之土。然巳中藏戊。亦官星之祿。若無壬以合丁。則戊土儘可不露。不如參加一二食傷之木。俾財更有根。金有火制。不成問題。祇恐太多而已。

(戊午時) 建祿格財官喜透。則子月之癸水。原要戊出干頭也。時臨午火財星。又是戊官之旺地。深與建祿之格相合。不過子與午冲。則犯旺者冲衰。衰者拔之忌。猶宜再逢火來。方免財根之拔耳。

(己未時) 癸日未時。然生子月。生旺之水。不愁轉弱。理以己土七殺爲用。惟因寒凍之土。氣少流通。所謂閉塞成冬。故宜未中所藏之乙丁並透。俾丁火有根。己土得疏。而癸水亦能凍解冰消矣。金之有無。不關宏旨。

(庚申時) 庚爲陽金。得祿於申。申乃水之長生。以生子月建祿之癸。勢成聚祿。子申會局。滿盤皆水。寒冷極矣。必須有力之火。以鎔金而煖水。方爲好命。木則喜其生火。土則慮其生金。

(辛酉時) 辛金得祿於酉。長生於子。月令在子。日元爲癸。辛金相生。兼成聚祿。金水皆盛。寒冷愈甚。必得丁午陰火。以破辛酉生氣。而丁午乃是弱者。最宜甲寅陽木爲之根。若爲乙卯陰木。必爲辛酉所侮而無用矣。

(壬戌時)癸水既得壬水為助。再生子月當旺之時。生旺已極。喜時支見戌。本質為陽土。而又為火庫。惜地支之力。不及天干。故宜戌中戊土出露干頭。以制壬水。苟再有火輔之。便是富命。年支屬寅更其美滿。

(癸亥時)日癸月子。當令生旺。豈宜再有金水生扶。奈時逢癸亥。全盤皆水。於何取用。按癸為陰水。固喜有土而逆折其氣。然亥中藏甲。若甲木透干。支有寅卯以吸水。水木兩強。一淸到底。亦貴顯無疑。

癸日丑月

(壬子時)癸水生於丑月。雖則土旺。而水有餘氣。再見壬子時。助水增寒。致丑土幾被寒流所捲。必得有土出干。以鎮其水。更要丙火太陽生土散寒。如有戊土制壬。則丁亦可用。見木必須有火。否則弱土更傷矣。

(癸丑時)日時皆癸。月時均丑。兩水兩土。似乎身殺兩停。然而水土皆互凝凍結。非得火透天干。必致體用不分。有火然後水之體。土之用。不致混矣。如干頭僅見一火。還宜生火之木。彌縫缺陷。

(甲寅時)癸生丑月。土旺用事。時臨甲寅。傷官假殺為權。然木多於土。制殺太過為嫌。所以其餘干支。定要有火。則財星得甲寅之生。制土之力量以泄寒冷之水。土頓呈活潑。否則戊己出干亦可。蓋有寅中丙火暗中生煖也。

(乙卯時)丑月土令之癸。終非生旺之象。時為乙卯。食神通根。雖有制殺之用。亦有泄水之弊。況以一土而遏二木。受制不無過分。第一須金制木生水。其次須火生土。方能日元有氣。而七殺乃可用。

(丙辰時)季冬寒冷之癸水。原要丙火太陽。始得寒冰凍解。月令在丑。土旺用事。時再逢辰。未免土重。況有丙火生之耶。所以不可再有火土。否則身弱太過。最好印綬與食傷並見。透庚辛而坐寅卯。則無懈可擊矣。

(丁巳時)癸日丁巳。為時上偏財。月令之丑土當旺。時支在巳。雖亦為財。與丑會金局。以生癸水。則財殺印相生有情。似無軒輊。然丁火無根。故須有木。但木來制殺。己土要透。否則非全美之命。

(戊午時)癸水見戊土五合。但生季冬。一則寒水之際。再則土旺之時。決難化火。但因時上之午。生起旺土。癸水縱不熱亢。殊覺無力。且丑藏辛癸。又不能棄命相從。是宜金以生水。木以魁土。二者缺一。即非好命。

己未時）癸日而月令在丑。時爲己未。旺土重疊。殺重身輕。但丑月癸水。不能棄命從殺。然則奈何。是宜以金生水。則旺土之氣亦疏。以木制土。而暗藏之火以發。況丑未本冲。暗火容易引出。八字生温矣。

庚申時）丑月土旺金相。癸水而遇庚申時。印綬太強。旺土不旺。弱水不弱。祇因時屆寒冬。難免金寒水冷。故宜有力之火。則不但寒冷無慮。且以抑制太過之金。生起陰寒之氣。兩受裨益矣。

辛酉時）丑月酉時。酉丑會局。辛金透干。以生日元之癸。不但金多水濁。更且水冷金寒。以金爲病。以火爲藥。但如丙巳陽火。則丙被辛合。巳會金局。有損無益。祇有丁午陰火。再得木生乃佳。

壬戌時）丑月戌時。官殺雜見。日干之癸。不勝旺土來侵。則時上壬水幫身。似無不可。但嚴寒凜冽。不論陰水陽水。均難免於凝冰。故必金火兩見。則水與土無不融化。並得生生之氣矣。

（癸亥時）癸水而生丑月亥時。亥丑拱子。即無時干癸。助已屬生旺非常。但癸水成潤下之格。母多不發者。因其天寒地凍。水不通流也。故若亥中之甲木出干。再能得見寅卯午未等字。則發無止境矣。

中華民國三十五年八月初版

八字提要 全一册

▲平裝紙面實價四千元（外埠酌加郵費）

著述者 韋千里

出版者 韋千里

發行處 千頃堂書局 三馬路望平街東首 電話九三六七七

經售處 各埠各大書局

總發行所 上海南京路大慶里三十四號 韋氏命苑

編號	書名	作者	備註
占筮類			
1	擲地金聲搜精秘訣	心一堂編	沈氏研易樓藏稀見易占秘鈔本
2	卜易拆字秘傳百日通	心一堂編	
3	易占陽宅六十四卦秘斷	心一堂編	火珠林占陽宅風水秘鈔本
星命類			
4	斗數宣微	【民國】王裁珊	民初最重要斗數著述之一；未刪改本
5	斗數觀測錄	【民國】王裁珊	失傳民初斗數重要著作
6	《地星會源》《斗數綱要》合刊	心一堂編	失傳的第三種飛星斗數
7	《斗數秘鈔》《紫微斗數之捷徑》合刊	心一堂編	珍稀「紫微斗數」舊鈔
8	斗數演例	心一堂編	秘本
9	紫微斗數全書（清初刻原本）	題【宋】陳希夷	斗數全書本來面目；有別於錯誤極多的坊本
10-12	鐵板神數（清刻足本）——附秘鈔密碼表	題【宋】邵雍	無錯漏原版 秘鈔密碼表　首次公開！
13-15	蠢子數纏度	題【宋】邵雍	蠢子數連密碼表 打破數百年秘傳　首次公開！
16-19	皇極數	題【宋】邵雍	清鈔孤本附起例及完整密碼表 研究神數必讀！
20-21	邵夫子先天神數	題【宋】邵雍	附手鈔密碼表 研究神數必讀！
22	八刻分經定數（密碼表）	題【宋】邵雍	皇極數另一版本；附手鈔密碼表
23	新命理探原	【民國】袁樹珊	子平命理必讀教科書！
24-25	袁氏命譜	【民國】袁樹珊	
26	韋氏命學講義	【民國】韋千里	民初二大命理家南袁北韋
27	千里命稿	【民國】韋千里	
28	精選命理約言	【民國】韋千里	北韋之命理經典
29	滴天髓闡微——附李雨田命理初學捷徑	【民國】袁樹珊、李雨田	命理經典未刪改足本
30	段氏白話命學綱要	【民國】段方	民初命理經典最淺白易懂
31	命理用神精華	【民國】王心田	學命理者之寶鏡

編號	書名	作者	備註
32	命學探驪集	【民國】張巢雲	發前人所未發
33	澹園命談	【民國】高澹園	
34	算命一讀通——鴻福齊天	【民國】不空居士、覺先居士合纂	稀見民初子平命理著作
35	子平玄理	【民國】施惕君	
36	星命風水秘傳百日通	心一堂編	
37	命理大四字金前定	題【晉】鬼谷子王詡	源自元代算命術
38	命理斷語義理源深	心一堂編	稀見清代批命斷語及活套
39-40	文武星案	【明】陸位	失傳四百年《張果星宗》姊妹篇　千多星盤命例　研究命學必備
相術類			
41	新相人學講義	【民國】楊叔和	失傳民初白話文相術書
42	手相學淺說	【民國】黃龍	民初中西結合手相學經典
43	大清相法	心一堂編	重現失傳經典相書
44	相法易知	心一堂編	
45	相法秘傳百日通	心一堂編	
堪輿類			
46	靈城精義箋	【清】沈竹礽	沈氏玄空遺珍　玄空風水必讀
47	地理辨正抉要	【清】沈竹礽	
48	《玄空古義四種通釋》《地理疑義答問》合刊	沈瓞民	
49	《沈氏玄空吹虀室雜存》《玄空捷訣》合刊	【民國】申聽禪	
50	漢鏡齋堪輿小識	【民國】查國珍、沈瓞民	失傳已久的無常派玄空經典
51	堪輿一覽	【清】孫竹田	
52	章仲山挨星秘訣（修定版）	【清】章仲山	章仲山無常派玄空珍秘　門內秘本首次公開　沈竹礽等大師尋覓一生末得之珍本！
53	臨穴指南	【清】章仲山	
54	章仲山宅案附無常派玄空秘要	心一堂編	
55	地理辨正補	【清】朱小鶴	玄空六派蘇州派代表作
56	陽宅覺元氏新書	【清】元祝垚	簡易・有效・神驗之玄空陽宅法
57	地學鐵骨秘　附　吳師青藏命理大易數	【民國】吳師青	釋玄空廣東派地學之秘
58-61	四秘全書十二種（清刻原本）	【清】尹一勺	玄空湘楚派經典本來面目　有別於錯誤極多的坊本

編號	書名	作者	說明
62	地理辨正補註 附 元空秘旨 天元五歌 玄空精髓 心法秘訣等數種合刊	【民國】胡仲言	貫通易理、巒頭、三元、三合、天星、中醫
63	地理辨正自解	【清】李思白	公開玄空家「分率尺、工部尺、量天尺」之秘
64	許氏地理辨正釋義	【民國】許錦灝	民國易學名家黃元炳力薦
65	地理辨正天玉經內傳要訣圖解	【清】程懷榮	秘訣一語道破，圖文并茂
66	謝氏地理書	【民國】謝復	玄空體用兼備、深入淺出
67	論山水元運易理斷驗、三元氣運說附紫白訣等五種合刊	【宋】吳景鸞等	失傳古本《玄空秘旨》《紫白訣》
68	星卦奧義圖訣	【清】施安仁	三元玄空門內秘笈　清鈔孤本 過去均為必須守秘不能公開秘密 與今天流行飛星法不同
69	三元地學秘傳	【清】何文源	
70	三元玄空挨星四十八局圖說	心一堂編	
71	三元挨星秘訣仙傳	心一堂編	
72	三元地理正傳	心一堂編	
73	三元天心正運	心一堂編	
74	元空紫白陽宅秘旨	心一堂編	
75	玄空挨星秘圖 附 堪輿指迷	心一堂編	
76	姚氏地理辨正圖說 附 地理九星并挨星真訣全圖 秘傳河圖精義等數種合刊	【清】姚文田等	蓮池心法　玄空六法 門內秘鈔本首次公開
77	元空法鑑批點本——附 法鑑口授訣要、秘傳玄空三鑑奧義匯鈔 合刊	【清】曾懷玉等	
78	元空法鑑心法	【清】曾懷玉等	
79	曾懷玉增批蔣徒傳天玉經補註【新修訂版原（彩）色本】	【清】項木林、曾懷玉	
80	地理學新義	【民國】俞仁宇撰	揭開連城派風水之秘
81	地理辨正揭隱（足本） 附連城派秘鈔口訣	【民國】王邈達	
82	趙連城傳地理秘訣附雪庵和尚字字金	【明】趙連城	
83	趙連城秘傳楊公地理真訣	【明】趙連城	
84	地理法門全書	仗溪子、芝罘子	巒頭風水，內容簡核、深入淺出
85	地理方外別傳	【清】熙齋上人	巒頭形勢、「望氣」「鑑神」
86	地理輯要	【清】余鵬	集地理經典之精要
87	地理秘珍	【清】錫九氏	巒頭、三合天星，圖文并茂
88	《羅經舉要》附《附三合天機秘訣》	【清】賈長吉	清鈔孤本羅經、三合訣法圖解
89-90	嚴陵張九儀增釋地理琢玉斧巒	【清】張九儀	清初三合風水名家張九儀經典清刻原本！

91	地學形勢摘要	心一堂編	形家秘鈔珍本
92	《平洋地理入門》《巒頭圖解》合刊	【清】盧崇台	平洋水法、形家秘本
93	《鑒水極玄經》《秘授水法》合刊	【唐】司馬頭陀、【清】鮑湘襟	千古之秘，不可妄傳匪人
94	平洋地理闡秘	心一堂編	雲間三元平洋形法秘鈔珍本
95	地經圖說	【清】余九皋	形勢理氣、精繪圖文
96	司馬頭陀地鉗	【唐】司馬頭陀	流傳極稀《地鉗》
97	欽天監地理醒世切要辨論	【清】欽天監	公開清代皇室御用風水真本
三式類			
98-99	大六壬尋源二種	【清】張純照	六壬入門、占課指南
100	六壬教科六壬鑰	【民國】蔣問天	由淺入深，首尾悉備
101	壬課總訣	心一堂編	過去術家不外傳的珍稀六壬術秘鈔本
102	六壬秘斷	心一堂編	
103	大六壬類闡	心一堂編	
104	六壬秘笈——韋千里占卜講義	【民國】韋千里	六壬入門必備
105	壬學述古	【民國】曹仁麟	依法占之，「無不神驗」
106	奇門揭要	心一堂編	集「法奇門」、「術奇門」精要
107	奇門行軍要略	【清】劉文瀾	條理清晰、簡明易用
108	奇門大宗直旨	劉毗	天下孤本　首次公開　虛白廬藏本《秘藏遁甲天機》
109	奇門三奇干支神應	馮繼明	
110	奇門仙機	題【漢】張子房	奇門不傳之秘　應驗如神
111	奇門心法秘纂	題【漢】韓信（淮陰侯）	
112	奇門廬中闡秘	題【三國】諸葛武侯註	
選擇類			
113-114	儀度六壬選日要訣	【清】張九儀	清初三合風水名家張九儀擇日秘傳
115	天元選擇辨正	【清】一園主人	釋蔣大鴻天元選擇法
其他類			
116	述卜筮星相學	【民國】袁樹珊	民初二大命理家南袁北韋
117-120	中國歷代卜人傳	【民國】袁樹珊	南袁之術數經典